現代人の伝記

人間てすばらしい、
生きるってすばらしい

1

致知出版社

はじめに　先生方へ

この本は次のような授業に最適です。


生きる力をつける「総合」の授業。

将来の仕事を考える「進路」の授業。

生きる意味や価値を考える「道徳」の授業。

そして、「朝の読書」のための推薦図書として。


私は中学校の国語の教師です。

四年ほど前から『致知《ちち》』という月刊誌を購読するようになりました。《人間の生き方》を探究する人間学誌です。

それを読んで深く感動すること多く、いつ頃からか「この感動を生徒たちにもわけてあげたい」と思うようになりました。

そして、二年ほど前から国語の授業で『致知』に載っている文章を読み聞かせするようになりました。生徒分を印刷し、私が解説を加えたりしながら読み聞かせたのです。読み終えたら、原稿用紙を配り、十分から十五分の間で自由に感想を書いてもらいました。感動的な話しであればあるほど生徒たちの集中力は高まり、用紙一杯に感想を書いてくれました。そして、次の国語の時間の冒頭で、十人ぐらいの生徒の感想を読み聞かせました。

　それだけです。

それだけのことを、この二年間で十回ほど行ったでしょうか。（この春卒業していった生徒達が中学二年生の時から三年生の終わりまで。）

たったそれだけのことですが、奇跡が起こりました。生徒達の心に奇跡が。

生徒たちの心が〝大きく〟変わったのです。

彼らが二年の時、私が初めてその学校に赴任したのですが、いろいろと問題を抱えた学年でした。大がかりないじめもあったし、つっぱりの予備軍もいました。一部の生徒集団が学年を横暴に支配していました。子供たちの心も何かすさんだ感じでした。

しかし、二年間のうちに彼らは大きく変わりました。

三年の終わりごろにはとてもすばらしい学年に成長しました。とても心穏やかな生徒に変わりました。

それは、多くの先生方のすばらしい取り組みのおかげでもありましたが、その中には、私の実践も大きく貢献していたという確かな手ごたえを感じています。卒業間際、私の国語の授業の感想を書いてもらいましたが、その中で次のようなアンケートも入れました。

「私の国語の授業で、今後も後輩たちのためにぜひ続けてほしいことがありますか」

そうしますと、八割近くの生徒が、「『致知』の授業を後輩たちのためにぜひ続けてほしい。」と書いてきました。

そしてその理由として、「頭を育てるだけでなく心も育てることができるから」とか、「いろんな人の生き方がわかりこれからの自分の進路にとても参考になったから」とか、「先生の読み聞かせのとき、自分はこれからどう生きていこうか、と考えたことが何度もあったから」とか、「苦しみにうち勝って生きる人の姿を読み、勇気を与えられたから」……そのような内容のことをたくさん書いてくれました。

そのつど書いてもらった感想文を読んでみても、深く感動し、生き方の指針を得たといったことを多くの生徒が書いていました。ともかく人生というものについて深く考える時間であったことは確かです。そして、生徒たちはやがてその授業を楽しみにするようになりました。『致知』の授業を催促する生徒が何人も出てきたのです。

彼らが卒業してからも、私をわざわざ訪ねてきてくれる生徒が多いことを知りました。私はその学年の担任ではなく、国語の授業しか出ていなかったにもかかわらず。

今の子供たちは生きる希望をもっていない、夢をもっていない……などということを耳にしますが、それはあたりまえです。希望が沸くような大人たちのモデル、夢をもちたくなるような大人たちのモデルの話をほとんど知らないのですから……。いや、反対に毎日のニュースで、罪を犯した大人たちの話ばかり聞かされているのですから……。

驚いたことに、『致知』の授業で、生徒たちは立派に生きている大人たちもたくさんいるということを〝初めて知る〟に至ったのです。

私はしばしば訴えました。

「今の社会が乱れているとするなら、それをただすことができるのは、ここにいる君たちしかいない。他のだれでもない。君たちしかいない。一人一人が自分の得意とする分野で一流になること、精一杯やりぬくこと。そのことの総和が、日本を、世界を幸福にして行くんだから。私はそのことを君たちに託すためにこうやって教師をしている。

ただし、みんなに『致知』の文章を紹介してがんばれがんばれと訴えるだけでは、何か私だけ楽をしているようで申し訳ないから、私は自分自身にも課題を突き付けて日々を送っている。

それは、毎朝四時に起きること。そして、六時まで読書すること。六時から六時四〇分まで、ランニング、スクワット一〇〇回、腕立て一〇〇回、巻ワラづき一〇〇回を行うこと。そして最後は水をかぶること。それは冬でもつづけること。雨でも続けること。それを修行として自分に課している……。」

そんなことを時々話しました。

そして時々その証拠をみせたりもしました。昨年の学園祭では、「未成年の主張」というイベントの中で、片腕だけの腕立て伏せ(それも親指と人差し指の二本だけの腕立て伏せ)をしてみせたりもしました。

この修行はすでに四年間続けています。そのきっかけは『致知』

を読みつづけるうちに私の中の何かが変わったことです。
　しかし、冬の修行はいまだにつらいです。冷えに弱い私にとっては、健康にもあまりいいものではありません。しかし、健康のためにしているわけではありませんので続けています。

　もしかしたら、「誰が読み聞かせるか」ということが随分重要かも知れません。読み聞かせてくれる先生を尊敬していなかったなら、説教くささばかり鼻について効果は半減するかも知れませんから。でも、心配はいりません。必ず教師自身も変わってきますから。この本を読みつづけていくなかで……。
　生徒に読み聞かせながら、実はそれを読む教師が生徒以上に大きく成長していくことも確かなのです。

　このようないきさつから、ぜひこれらが全国の中学・高等学校でも多く読まれるようになってほしいと思うようになりました。
　そこである日、私は意を決して致知出版社社長の藤尾秀昭氏に手紙を書きました。中学、高校の副教材として使えるように企画・出版していただけないものか……と。

　そのようにして、この本（シリーズ）ができあがりました。
　この本は次のような授業に最適です。

生きる力をつける「総合」の授業。
将来の仕事を考える「進路」の授業。
生きる意味や価値を考える「道徳」の授業
そして、「朝の読書」のための推薦図書として。

……どれにも使える珠玉の内容がいっぱいです。私はこれらを朗読する時、いつも胸が熱くなってしまい涙をこらえながら朗読しています。それほど、「力のある文章」「力のある教材」なのです。ですから、複雑な授業技術は不要です。
①若干の解説や教師の短い感想を加えながら朗読する。
②一〇分から一五分で自由に感想を書いてもらう。
③次の授業で感想の一〇点ほどを読み聞かせる。
そんな授業を一〇回ほど続けるうち、確実に生徒の心は大きく変わっていきます。

今までこれほどに力のある文章を集めた本があったでしょうか。これほどに、人生について多方面にわたって考える視点を与えてくれる本があったでしょうか。

二〇〇三年二月

編集呼びかけ人　夏目　研一

君たちへ

今　われわれが生きる世界《せかい》は
歴史的《れきしてき》な大転換《だいてんかん》を迫《せま》られている
文明《ぶんめい》の衝突《しょうとつ》　地球環境《ちきゅうかんきょう》　グローバル経済《けいざい》　近代的価値観《きんだいてきかちかん》

この困難《こんなん》をみごとに乗り切るには
明治維新《めいじいしん》に活躍《かつやく》した「志《こころざし》を抱《いだ》いた若者《わかもの》たち」のような人々の出現《しゅつげん》が待《ま》たれる

その「人々」とは？

君たち以外《いがい》にいったいだれがいるだろう

それは難《むずか》しいことではない
君たち一人一人が自分の得意《とくい》とする分野《ぶんや》で

一流《いちりゅう》をめざすこと　精一杯《せいいっぱい》やりぬくこと
そのことの総和《そうわ》が
日本を変え　世界を変える

その　かけがえのない　志《こころざし》を秘《ひ》めた君たちのために
この本は生まれてきた
この本は
君たちがまったく知らなかった人生《じんせい》や世界を知らしめるだろう
その異質《いしつ》の世界との出会《であ》いが
君の志《こころざし》を高め
努力《どりょく》と忍耐《にんたい》の力を与《あた》え
新《あら》たな世界へ飛翔《ひしょう》する勇気《ゆうき》を与える！

君が変われば　周《まわ》りが変わる
周《まわ》りが変われば
日本が変わり
世界は変わる

《現代人の伝記1——目次》

はじめに　先生方へ　3
君たちへ　6

1．セーラ・マリ・カミングス　桝《ます》一《いち》市村《いちむら》酒造場取締役　11
夢を実現する
日本に憧れてやってきたアメリカ女性が文化と伝統の町で大活躍！

2．鍵山秀三郎　株式会社イエローハット相談役　19
凡事徹底
「トイレ掃除の社長」として知られた経営者が「仕事と人間」を語る

3．矢谷長治　画家　35
わが独行道
画壇に背を向け、天の声に耳を澄まし絵を描く老画家の孤高の人生

4．向野幾世　奈良大学講師　47
心耳を澄ます
障害児たちの言葉に耳を傾け続けた教育者の四十四年間の熱き思い

5. 山下泰裕　東海大学教授
一流への道は無窮
シドニー五輪・日本柔道チームの指揮官が見た「人間の無限の可能性」　57

6. 家本賢太郎　クララオンライン代表取締役
十八歳、私の起業
難病を克服してインターネット関連会社を興した青年実業家の軌跡をたどる　73

7. 潮谷愛一　慈愛園子どもホーム園長
人間の真実
乳児からお年寄りまで安心して暮らせる社会を夢見る福祉活動家の実践記録　83

8. 相田みつを　書家
しあわせはいつも自分のこころがきめる
人の幸福をうらやまず、ひたすら自分の道を貫いて生きた書家の幸福観とは　95

最後に　編集者からのメッセージ　102

装　幀――村橋雅之
写真提供――小嶋三樹
豊福邦晃
山下一夫
相田みつを美術館
編集協力――柏木孝之

◎現代人の伝記◎セーラ・マリ・カミングス

夢を実現する

摩擦を恐れずとことんチャレンジ

青い眼の台風娘が、小布施《おぶせ》の町を蘇《よみがえ》らせる

長年《ながねん》文化の町として親《した》しまれてきた長野県小布施町《ながのけんおぶせまち》。
この小さな町にやってきたアメリカ女性が、いま
ひときわ注目を集めている。
セーラ・マリ・カミングスさん。
日本に憧《あこが》れを抱《いだ》いて単身《たんしん》来日。
三百年の歴史を持つ酒造場《しゅぞうじょう》で
次々と新しい試《こころ》みを実行し、同社《どうしゃ》を、
そして小布施《おぶせ》の町を
活気《かっき》のあるスポットに変えてきた。
彼女の体験《たいけん》を通じて、
夢を次々と実現していく原動力《げんどうりょく》を探《さぐ》った。

《プロフィール／セーラ・マリ・カミングス》

Sarah M. Cummings　１９６８年アメリカ・ペンシルベニア州生まれ。ペンシルベニア州立大学卒業。93年長野冬季五輪組織委員会のボランティアスタッフに採用され来日。94年桝一市村酒造場《ますいちいちむらしゅぞうじょう》入社。98年取締役。２００１年自身のコンサルタント会社ＳＭＣ設立。

ぬるま湯におぼれず人の三倍頑張《がんば》る

――九年前に来日《らいにち》してこの桝一市《ますいちいち》村酒造場《むらしゅぞうじょう》に入社。右も左もわからない状態から次々と新企画《しんきかく》を実現されて、会社の建《た》て直《なお》しに貢献《こうけん》されたそうですね。

カミングス　私はいま三十三歳ですから、この*小布施《おぶせ》にやって来たときはまだ二十代でした。二十代の一番いいときに、わざわざ一人で地球《ちきゅう》の裏側《うらがわ》にまでやって来たんだから、自分にしかできない仕事をしよう。自分がここにいる価値《かち》をつくり出せなかったら、いないほうがまし、という思いで頑張《がんば》ってきました。おかげでいっぱいシワもできましたけど(笑)、二十年赤字《あかじ》続きだった会社を、黒字《くろじ》に転換《てんかん》するところまでに立ち直らせるのに、いくらかの貢献《こうけん》をすることができました。

町には外国人はほとんどいませんから、外を歩いていると目立つんですね。

最初は、「あっ、ガイジンだ」って言われていましたが、いつの間にか「アメリカ人だ」となって、このごろでは「セーラだっ」って言ってくれるようになりました。

――異文化《いぶんか》での苦労も多かった。

カミングス　社員は皆《みな》とても仲《なか》が良くて、その和《わ》を守ってやっていくぶんにはとても居心地《いごこち》がいいんです。だけど、やっていることは「まぁ、こんなところにしておきましょう」といった、まぁ、まぁの仕事ばかり。新しいことを提案《ていあん》しても、無理《むり》、無《む》理《り》って最初からやる気がないし、あまり言い続けていると摩擦《まさつ》が生じて、和《わ》の外にはじき出されてしまう。肝《かん》心《じん》のお客さまを見る目が疎《おろそ》かになっていたんです。

私は、そんなぬるま湯が大嫌《だいきら》いでしたし、そうやって会社の歴史に胡《あぐ》坐《ら》をかいているうちに、滝《たき》つぼのそばまで流されてしまうというすごい危機感《ききかん》がありました。実際小布施《おぶせ》の町自体も、午後四時になると誰《だれ》もいなくなり、*ゴーストタウンのようなありさまでした。

ですから私は、最初からほかの日本人の三倍頑張《がんば》るつもりでやってきました。当然、摩擦《まさつ》もたくさん生まれました。あるとき、店舗《てんぽ》の改装案《かいそうあん》が受け入れられず、自《みずか》らハンマーで壁《かべ》を壊《こわ》したこともあります。そんなこともあって、みんなからは〝鬼《おに》〟とか〝台風娘《たいふうむすめ》〟と呼ばれるようになったんです(笑)。

――その思いは、ご自身で企画《きかく》された純米酒《じゅんまいしゅ》「スクウェア・ワン」にも現れているようですね。味はもとよりネーミングも容器《ようき》も実にユニークです。

カミングス　いまは似《に》たり寄《よ》ったりのお酒が多くて、せっかく飲もうとしても蓋《ふた》を開《あ》けるときに手を切ってしまったり。これだとどんな高級《こうきゅう》

*ゴーストタウン
さびれてしまって住む人のいなくなった町。

*小布施
長野県北部、千曲《ちくま》川西岸の松川扇状地《せんじょうち》上の町。谷街道の要衝《ようしょう》として、近世初期から市が立ち、なたね油・穀類・塩などの取引でにぎわった。江戸時代以前より小布施栗の産地として有名。

酒でも、リッチな気分で食事を楽しめないと思うんです。お酒は味はもちろんですけど、味覚《みかく》以外の五感《ごかん》、六感《ろっかん》も満《み》たせるものでなければいけないと思いますから。

スクウェア・ワンの名前は、桝一《ますいち》酒造場《しゅぞうじょう》の屋号《やごう》「□一」を英語読《えいごよ》みしたもので、「原点《げんてん》に返る」という意味もあるんです。容器《ようき》は陶製《とうせい》でそのままお燗《かん》できるんです。いいでしょう。私は常にお客さまを視野《しや》に入れたオリジナルにこだわってきましたが、それができるのも、問屋商売《とんやしょうばい》から直《ちょく》販《はん》一本に切《か》り替えたからです。日本は長い間、問屋《とんや》さんばかり見て商売をしてきましたが、やっぱり本当に相手にしなければいけないのは、お客さまでしょう。一時期《いちじき》よかった習《しゅう》慣《かん》も、時代は移《うつ》りますから永遠《えいえん》によいままだとは限《かぎ》らない。だから私は常に、「これでいいのか」と自問自答《じもんじとう》しながら仕事をしているんです。

「うまくいく」ではなく「うまくする」

――日本に興味《きょうみ》を持った経緯《けいい》は？

カミングス　もともとアジアには興味《きょうみ》があったんです。ハイスクールで中国語か日本語の授業《じゅぎょう》を受けようと思っていたんですが、たまたま日本語の先生が良かった。それがスタートでした。

初めて日本に来たのは一九九一年です。交換留学生《こうかんりゅうがくせい》として大阪の関西《かんさい》外国語《がいこくご》大学で一年間学びました。日本の諺《ことわざ》に「＊虎穴《こけつ》ニ入《い》ラズンバ、虎子《こじ》ヲエズ」とあるように、思い切って現地《げんち》に飛び込んで、必要《ひつよう》に迫《せま》られながら必死《ひっし》に勉強しないと上達《じょうたつ》しないと思ったので、貯金《ちょきん》をはたいて留学《りゅうがく》したんです。実際《じっさい》に日本で生活をしながら、「いずれ日本とアメリカをつなぐ仕事をしたい」という思いを募《つの》らせていったんです。

――その後日本へは？

カミングス　帰国して大学を卒業した後、長野オリンピックのボランティア・スタッフの募集《ぼしゅう》がありました。期間は九三年から九八年の五年間。自分がこれまで学んできたことをもとに、世界中の人に日本の良さを紹介《しょうかい》できたらと思って、すぐに応《おう》募《ぼ》しました。

――具体的《ぐたいてき》にどんな仕事を？

カミングス　長野市内の会社に籍《せき》を置きながら、オリンピックの準備《じゅんび》に携《たずさ》わるというものでした。通訳《つうやく》や翻訳《ほんやく》が主《おも》な仕事でしたが、やっているうちに物足《ものた》りなくなってきました。確かに大切な仕事なんですが、もっと自分の考えを前面《ぜんめん》に出し、自分にしかない価値《かち》を発揮《はっき》して仕事をしたかったんです。

籍《せき》を置《お》いていた会社は、従業員《じゅうぎょういん》千人以上の大会社でしたから、責任のある仕事をやらせてもらうには、長く勤《つと》めなければなりません。五年で帰る私には、それでは遅《おそ》すぎる。悩《なや》

＊虎穴に入らずんば虎子を得ず　「危険をおかすことなくして大きな成果を手にすることはできない」ということのたとえ。

んでいたところで上司から、「この会社はなかなか面白いよ」と教えられたのが、小布施《おぶせ》の桝一市村酒造場《ますいちいちむらしゅぞうじょう》だったんです。

——会社の印象《いんしょう》は？

カミングス　江戸時代の*豪商《ごうしょう》をルーツに三百年にわたって小布施《おぶせ》で商売を続けてきた会社でした。従業員《じゅうぎょういん》百人くらいの小さな会社ですが、故郷《こきょう》のアメリカ合衆国《がっしゅうこく》より長い歴史《れきし》を持っていることに感服《かんぷく》しましたし、そこの五代前のトップが、*葛飾北斎《かつしかほくさい》のパトロンだったと聞いて、北斎のような奇人《きじん》とも付き合えるような器《うつわ》の大きな会社だったら、私でも務《つと》まるかもしれない、と思ったんです。私は北斎《ほくさい》のような天才《てんさい》ではありませんが、北斎《ほくさい》と同じくらい奇人《きじん》だと思っていますから（笑）。

——入社後、まずどんな仕事を？

カミングス　最初に社長の市村《いちむら》から教えてもらったのは、台《だい》ふきん畳《たた》んで机《つくえ》を拭《ふ》くことだけ。それができなければ、日本の社会ではやっていけない。あと何をするかは自分で考えなさい、と言われました。まだ日本語が不十分《ふじゅうぶん》でしたし、生活習慣《せいかつしゅうかん》の違《ちが》いも壁《かべ》になる。いつか帰ってしまうお客さまとしてしか接《せっ》してもらえず、最初はやる気ばかりが空回《からまわ》りしていました。

——うまく勤《つと》めていく自信は？

カミングス　うまくいくかどうかじゃなくて、努力してうまくするんです（笑）。

会社も、これまで外国人をこういう形で雇《やと》ったことはないので、相手に何を期待《きたい》すればいいかわからない。これまでなかったポジションですから、自分でつくっていくしかないんです。

アゲインストをフォローに

カミングス　そこでまず、造《つく》り酒屋にいながら日本酒について何も知らないのはよくないと思い、*利酒師《ききざけし》の資格《しかく》を取る決意をしました。

——日本人でもなかなか通らない難しい資格《しかく》だと聞いていますが。

カミングス　ええ。でも必死《ひっし》で勉強して、九六年に欧米人《おうべいじん》として初めて取得《しゅとく》することができました。

同時に、次々といろんな提案《ていあん》をしていたんですが、社長の返事《へんじ》はいつも「ノー」。めげずに提案《ていあん》を続けながら、社長が海外へ出張《しゅっちょう》するというと、役に立ちそうな資料《しりょう》を東京の大使館《たいしかん》まで集めに行ったり、家具調達《かぐちょうたつ》の仕事で一緒《いっしょ》に渡米《とべい》したときには、仕事が少しでもスムーズに進むようにと、万全《ばんぜん》の手配《てはい》と通訳《つうやく》を心掛《こころが》けました。

——周《まわ》りの見る目も変わってきた。

カミングス　でも、本当に評価《ひょうか》してもらえるようになったと思うのは、長野オリンピックに向けて立案《りつあん》した企画《きかく》を成功《せいこう》させてからでした。

長野オリンピックの開催《かいさい》が近づい

＊利酒師
少量の酒を口に含み、出来のよしあしを判断するのが利き酒。その仕事にたずさわるのが利酒師。

＊豪商
豊富な財力を利用して大きな取引をする商人。

＊葛飾北斎
一七六〇～一八四九。江戸後期の浮世絵師。奇抜《きばつ》な発想と大胆《だいたん》な構図《こうず》で知られる。ヨーロッパの印象派絵画へも影響を与えた。代表作に「北斎漫画《ほくさいまんが》」「富嶽《ふがく》三十六景」がある。

＊パトロン
芸術家などを経済的に援助《えんじょ》する人。

て、県全体が盛り上がっているのに、会社や小布施《おぶせ》の町をアピールしていこう、という動きを何一つしていなかったんです。私は、オリンピックをきっかけに小布施《おぶせ》の文化を再認識《さいにんしき》してもらい、それ以降《いこう》もたくさんの人に来ていただけるような仕掛《しか》けをしたかったんです。五輪《ごりん》カラーの番《＊ばん》傘《がさ》を百五十本作って、競技《きょうぎ》のときに観客《かんきゃく》に使ってもらう。枡一併設《ますいちへいせつ》の古い酒蔵《さかぐら》を改装《かいそう》して、アン王女主催《おうじょしゅさい》の英国選手団激励会《えいこくせんしゅだんげきれいかい》を催《もよお》す。五輪の記《き》憶《おく》を町に留《とど》めるために、写真や激励《げきれい》会のメニューを入れたタイムカプセルを蔵《くら》に設置《せっち》する。

社長には「難《むずか》しい」と言われながらも、どうしたら実現《じつげん》できるか夢中《むちゅう》で考え行動しました。番傘《ばんがさ》を注文するときには、三十軒《けん》もの工房《こうぼう》から断《ことわ》られましたが諦《あきら》めず、最後に京都の職人《しょくにん》さんからとうとうＯＫをもらって、製作《せいさく》にこぎ着《つ》けたんです。

――まさに台風娘《たいふうむすめ》の面目躍如《めんもくやくじょ》ですね。

カミングス　そんな折《おり》に、休暇《きゅうか》で訪《おとず》れたメトロポリタン美術館《びじゅつかん》で、たまたま「国際北斎会議《こくさいほくさいかいぎ》」のカタログが目に留《と》まりました。その会議は、ベネチアで過去《かこ》二回開催《かいさい》されていたんですが、中を読んでみると、執筆《しっぴつ》者の半分が「北斎《ほくさい》と小布施《おぶせ》」について書いていました。だったら次は、絶対に小布施《おぶせ》でやるべきだと思ったんです。

そこから、各国で情報収集《じょうほうしゅうしゅう》しながら、第一線《だいいっせん》の研究者たちを一人ひとり口説《くど》いて回り、ついに長野オリンピックの直後《ちょくご》に、第三回の会議を小布施で開催《かいさい》できたんです。小布施《おぶせ》の町に、世界中から五百人もの人が集まったんですよ。

――困難《こんなん》な夢を実現《じつげん》する秘訣《ひけつ》は?

カミングス　特別《とくべつ》なことは何もしていません。「為《＊な》セバ成《な》ル」です。自分がいいと思って提案《ていあん》したことをダメって言われると、私はすごく腹《はら》が立って、絶対にわからせてやるって奮起《ふんき》するんです（笑）。だから、オリンピックの一年くらい前から、もう社長とは喧嘩《けんか》、喧嘩《けんか》、喧嘩《けんか》の毎日でした。結局《けっきょく》「じゃ一体誰《だれ》がやるんだ」という話になって、私がやりますと答えたんです。

実は私には、アメリカに婚約者《こんやくしゃ》がいました。いずれアメリカと日本を往復《おうふく》しながら仕事をしようとも考えたんですが、彼から仕事か結婚《けっこん》かと迫《せま》られて、結局私は仕事を採《と》りました。

――あぁ、結婚より仕事を。

カミングス　「立《＊た》ツ鳥跡《とりあと》ヲ濁《にご》サズ」という諺《ことわざ》があるでしょう。私も、自分の言いだしたことを途中《とちゅう》で放り出して、「だからアメリカ人は信用《しんよう》できない」「やっぱり女はダメだ」とは絶対に思われたくなかったんです。

五輪《ごりん》と北斎会議《ほくさいかいぎ》が終わった後《あと》、実《じっ》績《せき》が認《みと》められて、取締役《とりしまりやく》に就任《しゅうにん》しました。これは、私の周囲《しゅうい》にいつも強

＊番傘
太い竹の骨に油紙《あぶらがみ》を張って作った雨傘。

＊立つ鳥跡を濁さず
「他の場所に移ろうとする水鳥は、水面を波立てることも水を濁《にご》すこともなく、静かに立ち去っていく」という意味。場所を離れるときの心がまえを説いたことわざ。

＊為せば成る
「やればできる」ということ。

いアゲインストの風が吹いていたからこそやれたと思うんです。風向《かざむ》きはいまはフォローに変わりましたが、時折《ときおり》当時を振り返っては、感謝《かんしゃ》すらしているんです。

納得《なっとく》いかない新事業にとことん反対

——取締役《とりしまりやく》として手掛《てが》けたことは?

カミングス　量産酒《りょうさんしゅ》の何倍《なんばい》もの手間をかけて造る桝一《ますいち》のお酒は、合理《ごうり》化《か》時代の波のなかで、苦戦《くせん》していました。そこで社長が打ち上げた計画が、酒蔵《さかぐら》を改造《かいぞう》してドライブイン形《けい》式《しき》のレストランにするというものでした。ただ、予算《よさん》に限《かぎ》りがあったため、蔵《くら》に板張《いたば》りの座敷《ざしき》をつくって、レトルト食品《しょくひん》の簡単《かんたん》な料理を出すというものでした。

私は即座《そくざ》に反対しました。たかが一時の焦《あせ》りでそんな安易《あんい》なものを造《つく》ったら、桝一が三百年かけて積み上げた歴史がフイになると思ったんです。計画は進んでいましたが、私は社長と顔を合わせるたびに、言い続けました。手間《てま》と人手《ひとで》をかけて上等《じょうとう》なお酒を造る酒造場《しゅぞうじょう》に、レトルトの料理を出す店は似合《にあ》いますか。ロマネコンティ*がドライブインを出しますか、と。そして、いよいよ三日後に着工《ちゃっこう》というとき、とうとう計画は白紙撤回《はくしてっかい》になったんです。

——直前で計画撤回《てっかい》!?

カミングス　ええ。社長は「わかったから。もうやめたから!」ってものすごく怒《おこ》っていて(笑)、「じゃ、ほかに考えがあるのか」って私に言うんです。びっくりしましたが、すぐ「一週間時間をください」と答えました。

以前泊《と》まった、パークハイアット東京の内装《ないそう》がとても印象《いんしょう》に残っていたんです。そこで、その内装《ないそう》を設計《せっけい》したデザイナーが、香港《ほんこん》に住むジョン・モーフォードさん*だと聞き出して、すぐ彼を口説《くど》きに香港《ほんこん》に飛びました。

——いきなり会いに行かれた。

カミングス　はい。もちろんなんのコネもないし、引き受けてくれる保証《ほしょう》もない。でも、なんとか小布施《おぶせ》に来てもらう約束《やくそく》を取り付け、結局手弁当《てべんとう》に近い破格《はかく》の条件で引き受けてもらったんです。こうしてできたのが、和食《わしょく》レストラン「蔵部《くらぶ》」でした。

小布施《おぶせ》を文化の発信地《はっしんち》に

——熱意《ねつい》で人を動かしたのですね。

カミングス　私は蔵部《くらぶ》を通じて、親《した》しみやすいけれど、どこかハレ*の日の気分を満《み》たしてくれるような、シンプルで飽《あ》きのこないカントリー・リビングを提供《ていきょう》したかったんです。

田舎《いなか》(カントリー)というと、な

*ロマネコンティ
フランス・ブルゴーニュ地方の一地域で生産されるワイン。「ぶどう酒の女王」と呼ばれる。

*ハレの日
待ち望んでいた日、めったにない日。一方、変わらない日常のことを「ケ」という。

*ジョン・モーフォード
アメリカ人デザイナー。各国のホテルを手がけている。

んとなく印象が悪いけれど、それは、本当にいい田舎暮《いなかぐ》らしを提供していないからです。他の地域《ちいき》のものと同じものを並《なら》べていては、わざわざ小《お》布施《ぶせ》にまで来てもらうことはできません。

小布施《おぶせ》は、昔から文化の町といわれてきました。江戸時代には、核《かく》となる文化サロンがあって、北斎《ほくさい》や*佐《さ》久間象山《くましょうざん》をはじめ、時代の最先端《さいせんたん》に立つ人々が毎日のように訪《おとず》れてきたそうです。それだけ人を惹《ひ》きつける特別《とくべつ》なエネルギーを発《はっ》していたと思うんですね。

だから私たちもこれから、小布施《おぶせ》独自《どくじ》の文化を発信《はっしん》していかなければ、本物の文化の町とはいえないと思うんです。うちの小さな蔵《くら》で造《つく》られるお酒の量は限られていますが、頑張《がんば》り次第《しだい》でそこから発信《はっしん》できるものは、無限《むげん》に広がっていくと思うんです。蔵部《くらぶ》が、特別《とくべつ》な刺激《しげき》を多くの人に与え続けて、小布施《おぶせ》の新しい文化サロンのような役割を果たせたらという願《ねが》いがあるんです。

——あぁ、新しい文化サロンに。

カミングス　ええ。その考えの延《えん》長《ちょう》でやっているのが、*木桶仕込《きおけじこ》みの復活《ふっかつ》運動です。酒造《さけづく》りも機械化《きかいか》が進んで、昔ながらの木桶仕込《きおけじこ》みは、ほとんど見られなくなりました。そこで私は、木桶仕込《きおけじこ》みの新銘柄《しんめいがら》を造《つく》り出し、さらに全国の同志《どうし》を小布施《おぶせ》に集めて、木桶仕込《きおけじこ》み復活の運動も展《てん》開《かい》しています。

また、去年はＳＭＣというコンサルティング会社も立ち上げ、毎月「小布施《おぶせ》ッション」というイベントをやっているんです。日本の生活文化に縁《えん》の深いゲストを招き、その話や芸《げい》に耳を傾《かたむ》けながら、地場《じば》のお酒や料理を楽しむというものです。

今後は、かつて当社で手掛《てが》けていた味噌造《みそづく》りの復活や、新たに瓦造《かわらづく》りなどにも取り組みたいと考えています。一つの会社、町にとどまらず、世界に仕事の場を広げて、もっと大きな夢を実現《じつげん》していきたいですね。

（『致知』二〇〇二年六月号掲載）

*木桶仕込み
酒の醸造法のひとつ。木の大きな桶《おけ》を使って発酵《はっこう》させる昔ながらの醸造法。

*佐久間象山
一八一一～六四。幕末の学者。信州松代藩士。開国論者で、西洋技術を導入して産業を興《おこ》し、軍備を拡充することを主張。吉田松陰の海外密航《みっこう》事件にかかわって処罰を受け、のちに京都で暗殺された。

◎現代人の伝記◎

鍵山　秀三郎

凡事徹底

そうじの心がつかんだ「謙敬謙愛《けんけいけんあい》」の経営と人生

「イエローハット」の鍵山秀三郎《かぎやまひでさぶろう》相談役《そうだんやく》は、〝トイレ掃除《そうじ》の社長〟として有名になった。いつも柔和《にゅうわ》な笑顔を絶《た》やさないが、その陰《かげ》に想像を絶《ぜっ》する苦闘《くとう》の半生《はんせい》があったことを知る人は少ない。「企業は善《ぜん》でありたい」と願《ねが》う鍵山《かぎやま》氏は、かつてドル箱店《ばこてん》をあえて他社《たしゃ》の成績不良店《せいせきふりょうてん》と等価《とうか》で交換《こうかん》するという、想像もつかないことを実行した。鍵山《かぎやま》氏の事業《じぎょう》に込《こ》めてきた思いとは何か。その事業と人間の本質《ほんしつ》に迫《せま》った。

《プロフィール／鍵山秀三郎》

かぎやま・ひでさぶろう　昭和8年東京都生まれ。27年疎開先の岐阜県立東濃高校卒業。28年デトロイト商会入社。36年ローヤルを創業《そうぎょう》し社長に就任《しゅうにん》。平成9年社名をイエローハットに変更。10年6月同社取締役相談役《とりしまりやくそうだんやく》となる。創業以来続けている「掃除《そうじ》」に多くの人が共鳴《きょうめい》し、近年は掃除《そうじ》運動が内外に広がっている。「日本を美しくする会」会長。著書に『凡事徹底《ぼんじてってい》』『小さな実践の一歩から』（いずれも致知出版社刊）などがある。

《聞き手プロフィール》

寺田一清　てらだ・いっせい

昭和2年大阪府生まれ。昭和18年旧制岸和田中学卒業。家業の呉服業に専念しながら、森信三先生に師事し、著作の編集を担当。社団法人「実践人の家」元常務理事。不尽叢書刊行会代表。

田中義人　たなか・よしひと

昭和22年岐阜県生まれ。44年日本大学卒業。プリント基板製造の東海神栄電子工業社長。「日本を美しくする会」代表世話人として、鍵山氏の掃除運動を実践している。

高嶋民雄　たかしま・たみお

昭和21年東京都生まれ。43年中央大学卒業後父親が経営する運送店で運転手として働く。54年より「地域のみなさまに、まごころを運ぶ」物流、運送業のウインローダー社長。

そうじに学ぶ会のエネルギー

高嶋　私は従業員《じゅうぎょういん》二百人ほどの運送会社を経営《けいえい》していますが、鍵山《かぎやま》社長の『凡事徹底《ぼんじてってい》』を読んで衝撃《しょうげき》的な感動を受けたんです。

　また、寺田《てらだ》先生の編集《へんしゅう》された＊森信三《もりのぶぞう》先生の語録《ごろく》を座右《ざゆう》の銘《めい》として心に刻《きざ》んでいます。そういう意味で今回は司会役《しかいやく》を仰《おお》せつかりましたので、まず私から口火《くちび》を切らせていただきます。

　鍵山《かぎやま》社長は「そうじに学ぶ会」というものをされていますが、今やその運動がものすごいエネルギーを持って全国的に広がっていますね。

鍵山　そうですね。

高嶋　田中さんがこの運動の事務《じむ》局長《きょくちょう》のような形でお手伝いをされていますが、今年は大阪に始まって…。

田中　北九州《きたきゅうしゅう》、長崎《ながさき》、沖縄《おきなわ》、岐阜《ぎふ》、佐世保《させぼ》、そして十一月は千葉《ちば》です。

寺田　沖縄の高校はずいぶん盛り上がったそうですね。

鍵山　ええ。あれは二月に私が沖縄のほうに行った時に、何か事あるごとに沖縄の人の心がすさんでいくので、「掃除《そうじ》をやったらどうですか」といいましたら、「いいですね、やりましょう」ということで始まったんですが、参加されたみなさんが大変、喜んでくださった。

　やってみていろいろ感心《かんしん》したことがありました。

　校舎《こうしゃ》の間に空《あ》き缶《かん》、空《あ》きビン、食べ物の空《あ》き袋《ぶくろ》など、たくさんのゴミが捨《す》てっ放《ぱな》しになっている。それを全部集めたら、大変な量のゴミになった。沖縄のイエローハットの店長がトラックで回収《かいしゅう》すべく手配《てはい》しようとしたら、教頭《きょうとう》先生が「それはいいです。きょう参加しなかった先生にこれをぜひ見せて、学校の中にこんなにゴミがあったということを一回確認《かくにん》させてから、自分たちで処分《しょぶん》します」といわれた。

　これは立派《りっぱ》な考えだと思いました。こんな考えに先生がなってくだされば教育はよくなると思いますね。

場が人を変えていく

寺田　そもそもこういう運動が始まったのは、鍵山《かぎやま》社長と田中さんが出会って、命《いのち》にぱっと火がついた。これが大きいですね。

高嶋　ああ、そうですか。ではまず、そのあたりからお聞かせください。

田中　私が鍵山《かぎやま》社長にお会いしたのは平成三年十一月二十三日です。ハガキ道の＊坂田道信《さかたみちのぶ》先生のハガキ祭が＊恵那《えな》で開かれ、その会に鍵山《かぎやま》社長も見えられた。その時は、鍵山社長がどういう方かも知らなかった。だから、一メンバーとして加わっていただいたんです。

＊森信三
一八九六～一九九二。教育者、哲学者。愛知県武豊《たけとよ》町生まれ。京都大学哲学科、大学院を経て天王寺師範《てんのうじしはん》の専任教諭となる。のち旧満州の建国大学に赴《ふ》任《にん》。敗戦によって帰国後、神戸教育大学、海星女子学院大学の教授を務める。

＊坂田道信
一九四〇年広島県生まれ。高校卒業後、農業のかたわら大工見習いとなる。六九年森信三氏と出会い、複写《ふくしゃ》ハガキを始める。以来、ハガキ道の伝道者として各地で講演活動などに励んでいる。

＊恵那
岐阜県東南部、木曾川の上流にある都市で、中山道の旧宿場《しゅくば》町。その一帯の地名をさす場合もある。

それで、ハガキ祭のあと、みんなが順番にスピーチをしたんですが、鍵山《かぎやま》社長がお話になることがものすごく新鮮《しんせん》で、びっくりするようなことを話される。

そしたら、その場の雰囲気《ふんいき》がガラッと変わりまして、一瞬《いっしゅん》にして鍵山社長のほうにみんな集中《しゅうちゅう》しだしたんです。

高嶋　どんな話をされたんですか。

田中　掃除《そうじ》をすると会社が変わる、人生が変わる、という話です。

その頃《ころ》、うちの会社の一部門《いちぶもん》で不《ふ》良品《りょうひん》が出て困《こま》っていたんです。その当時で約一億円《やくいちおくえん》くらい投資《とうし》して始《はじ》めた部門なんですが、金属腐蝕《きんぞくふしょく》でやっているメタルマクスという半導体《はんどうたい》の治工具《ちこうぐ》を造《つく》る部門です。

強い薬品《やくひん》でステンレスを溶《と》かして加工《かこう》するものですから、非常《ひじょう》に汚《よご》れやすい職場《しょくば》です。ゴムのエプロンをかけて長靴《ながぐつ》をはくという職場だったんです。

毎日夜九時、十時まで仕事をやっているにもかかわらず、売上《うりあげ》は上がらないし、良い物ができない、お客さまから苦情《くじょう》は入るということで、私も困《こま》り果《は》てていた。

その時に、社長が「掃除《そうじ》をすると会社が変わる」とおっしゃった。

「そんなバカなことはない」と思いながらも、妙《みょう》に話に引き込《こ》まれて、ともかく、鍵山《かぎやま》社長のいっていることを体験してみようと思った。

それで、私の家の前にある神社《じんじゃ》の掃除《そうじ》をやってみようと思い、翌日《よくじつ》午前六時半頃から、境内《けいだい》の掃除《そうじ》を始めたんです。

寺田　なるほど。

田中　お宮《みや》さんの前に駄菓子屋《だがしや》さんがあって、子供《こども》たちが境内《けいだい》に行って食べるので、お菓子《かし》の包《つつ》み紙など、ゴミがまるで絨毯《じゅうたん》のように落ちていました。

掃除《そうじ》を一か月ほど続けたでしょうか。神社が一変《いっぺん》して荘厳《そうごん》な雰囲気《ふんいき》に変わりました。

神社にはトイレもあったのですが、釘《くぎ》を打ち付《つ》けて使えないようにしてあった。私は市役所《しやくしょ》にお願《ねが》いして、掃除《そうじ》をしたいと申し入れ、窓ガラスや便器《べんき》が壊《こわ》れていたのを修理《しゅうり》して使えるようにした。

するとどうでしょう。みなさんが使ってくださるようになった。いままで見捨《みす》てられていたトイレが生きてきたわけです。

その上《うえ》、驚《おどろ》いたことに、子供たちがちゃんとゴミ箱に捨《す》てるようになったんです。いままでゴミをポンポン捨てておった人間でもこんなことになるのかな、と……。

その時に、鍵山《かぎやま》社長がおっしゃった「人が変わる、場が人を変えていく」ということを私は実感《じっかん》するようになったんです。

古いものが
よみがえる感動

田中　これなら会社でやってみたらどうかと思い、七人ぐらいのメタル部門の人たちに呼びかけました。名古屋《なごや》のローヤルの営業所《えいぎょうしょ》にもみんなで掃除《そうじ》の見学《けんがく》にも行きました。

私たちは朝一時間、床《ゆか》とか機械とかトイレとかを掃除《そうじ》した。すると、以前は不良品が出るために毎晩《まいばん》九時、十時まで仕事をしなければならなかったのが、午後五時でピタッと終わるようになった。

後で考えると、簡単なことなんです。部品《ぶひん》に液《えき》を吹《ふ》きかけるノズルが詰《つ》まったりしていたのをきれいに掃《そう》除《じ》することで、均一《きんいつ》に液《えき》がかかる。また、まともに動いていなかったロールがきちんと動くようになる。当たり前ですよね。

そして、部屋にこもっていたガスもピタッと止まりました。機械《きかい》の蓋《ふた》にカスがついていて、そこからガスが漏《も》れていたのが、きれいに掃除《そうじ》したら出なくなった。

今までは、粘着《ねんちゃく》テープを貼《は》ったりしてごまかしていたんですね。

その結果、製品《せいひん》の質《しつ》が高まって良品ばかりですから、仕事がはかどります。そうなると不思議《ふしぎ》なことに、人間関係《にんげんかんけい》まで変わりました。

これまで、職場《しょくば》の会話といっても「この仕事を頼《たの》む」とかいった業務連絡《ぎょうむれんらく》のようなことがほとんどだったのに、お互《たが》いが「最近、体の調子《ちょうし》はどう？」とかいった話をするようになってコミュニケーションが生まれるようになって、人間関係まで良くなった。

つまり場が変わって、人も変わったのです。今ではその部門《ぶもん》の売上《うりあげ》は倍《ばい》になりました。

寺田　業種《ぎょうしゅ》としては一番不況《ふきょう》でしょう。

田中　ええ。しかし、その部署《ぶしょ》はいい。いま私どもは三つの会社がありますが、こういう出会いがあったから、バブルの後《あと》でも困ることなくやっていけたと思います。

しかし、本当に不思議《ふしぎ》です。釘《くぎ》を打ち付けてくもの巣《す》が張ってるようなトイレでも、手を加えることで生きてくるわけです。

掃除《そうじ》というのは持っているものの命を生かす、そういう力を持っているんですね。新しいから良いのではなくて、古ければ古いほど良さが出てくる。新しいものを見てきれいだという感動《かんどう》もありますが、古いものがよみがえったときにも感動があります。古い機械《きかい》がきれいに再生《さいせい》されて動いてくれるのを見るのはとても嬉《うれ》しい。

ラベルを作る機械で三十年も前の古いのがあるのですが、インクがついてまだら模様《もよう》になっていたのを、きれいに塗装《とそう》して直した人もいます。

掃除《そうじ》を通して、本来《ほんらい》その人が、そ

のモノが持っている生命が生き返ってくるということを教えていただきました。

「ありがとう」と言われるのは嬉《うれ》しい

鍵山　それは田中さんであったからということもあります。

私は方々《ほうぼう》行って同じ話をしています。田中さんのように生かしてくれたというのはそう多くはありませんから。

私が話をして一番変わったのは田中さんの会社です。次は九州の元岡さんの所でしょうか。

社員の方も、最初は私を避《さ》ける感じでしたが、半年ほどして行ってみると、みなさん「ここがこう変わりました」「あそこはこうなりました」と、入《い》れ替《か》わり立《た》ち替わり、私に話がしたくてしようがないというくらい変わっていました。

田中　みんな自分で何かをつかんだんですね。

鍵山　「人にありがとうと言われるのは嬉《うれ》しいですね」と、作文に書いた人がいましたね。

その人は初《はじ》めの頃《ころ》に私が工場を見にいったときは、職人《しょくにん》さんが自分の仕事だけをやっているという孤立《こりつ》した感じでした。ところが、掃除《そうじ》を始めるようになってしばらくして行ったときは、よその人の機械に首を突《つ》っ込《こ》んで手伝っていました。

人相《にんそう》まで、びっくりするくらい変わっていました。

田中　Yさんという四十八歳になる人です。*一徹者《いってつもの》の職人《しょくにん》さんで、ご飯《はん》を食べるよりもお酒が好きで、栄《えい》養失調《ようしっちょう》のような状態《じょうたい》でした。

職場でもちょっと孤立《こりつ》していたようですが、掃除《そうじ》を始めて機械が生き返ると、気づくことがあったのでしょう。一層熱心《いっそうねっしん》に掃除をするようになり、朝も早く出勤《しゅっきん》するようになりました。あの作文は、子供のワープロを借《か》りて初めて書いたということです。

寺田　いいお話です。

掃除《そうじ》の原点《げんてん》とは……

高嶋　そろそろ本題《ほんだい》に入りますが、鍵山《かぎやま》社長が掃除《そうじ》を始められた原点《げんてん》を今一度お聞かせいただきたいと思います。

鍵山　私はもともと他人と過激《かげき》な争《あらそ》いをしたりすることは好《この》みません。乱世《らんせい》に生きた織田信長《おだのぶなが》のように、今も乱世《らんせい》が好きな人がいますが、それはごく一部です。しかし、その一部が多くの人を苦しめている。

荒《あら》っぽいことが嫌《きら》いな私は、たとえそれが一瞬《いっしゅん》であっても、平穏《へいおん》な場に身《み》を置きたい。それには少しでもきれいな環境《かんきょう》を作ることではないか……と。それが私に与えられた近道《ちかみち》だと思ったわけです。

＊一徹者　意地っ張りな人のこと。

環境を少しでも良くするには掃除ということ以外、私には他に与えられた方法はなかった。

おカネもなかったから、選択《せんたく》の余地《ち》もなかった。だから、それを徹底《てってい》継続《けいぞく》してきたのです。

寺田　独立《どくりつ》されて最初はガレージからですね。

鍵山　二台分のガレージがありまして、そのうちの一台分《いちだいぶん》だけ借りたわけです。そこへ僅《わず》かな商品《しょうひん》を置いて自転車で取りにきては、また売って歩く。

ところが、隣《となり》の車の持ち主が物が置いてあるのに、ここで洗車《せんしゃ》する。高額品《こうがくひん》に水がかかって困《こま》ったこともあります。

その人にしてみれば、ここは車を置くところで荷物《にもつ》を置くところじゃない。だから俺《おれ》が車を洗《あら》って何が悪い、というようなもんです。

これが私の事業《じぎょう》の始《はじ》まりです。十月の十日で三十四年になります。

高嶋　ここに来られるまでは相当大変なこともおありだったのではないかと思います。

鍵山　それはもう大変に痛《いた》い目に遭《あ》いました。

寺田　それをどうやって克服《こくふく》されてきたのでしょうか。

鍵山　それこそ森信三《もりのぶぞう》先生の教えではないですが、徹底《てってい》して耐《た》えるよりしょうがないんです。起きたことはしょうがない。元《もと》に戻《もど》らないわけですから、前を向いていくより仕方《しかた》がない。悔《く》やんでいる暇《ひま》がない。これが実態《じったい》でした。

もう一つ、これは森先生の言葉を借りれば、「剛《ごう》に徹《てっ》せんとすれば、すべからく柔《じゅう》に徹《てっ》せねばならない」ということです。「魂《たましい》を扱《あつか》うところの役《やく》目《め》である教育者は至優且至柔《しゅうかつしじゅう》に徹《てっ》しなければならない」ということが『修身教授録《しゅうしんきょうじゅろく》』にありましたが、私はこれでした。

初《はじ》めて私を訪《たず》ねてくださった方は、みなさん、私のことをどんどん事業を伸ばしているし、どんな鬼瓦《おにがわら》みたいな人かと思って来られるようです。だから、私が応接《おうせつ》室に入っていくと、私が秘書《ひしょ》か何かで、後《うし》ろから社長が来ると思うようです。「今だからいいますが、あの時に社長は後《あと》から入ってくると思っていました」という方が多いのです。

結局「柔《じゅう》」「優《ゆう》」に徹《てっ》したことが、私にとって「剛《ごう》」になっていたのではないかと、森先生の言葉に出合《であ》って思いました。それと、「満身創痍《まんしんそうい》に縦横無尽《じゅうおうむじん》に受けた人生のキリキズを通してつかまれた真理《しんり》でなければ、真の力とはなり難《がた》い」。

こんなことをいうと自慢《じまん》めくようですが、私のひと言《こと》がもし他人さまに通じるとしたら、私が満身創痍《まんしんそうい》、キズだらけであるが故《ゆえ》に、ひと言が他人《たにん》さまに伝わるのかという気がします。

寺田　なるほど。

鍵山　そのくらい、いろんな目に遭《あ》っていますが、そんなことを他人にいってもどうしようもないから、いいません。会社の幹部《かんぶ》でさえ、私がどれほど苦しんできたかを知っているのは経理《けいり》の人間一人だけです。

倒産《とうさん》の危機《きき》に見舞《みま》われて

高嶋　わけがわからない*手形《てがた》がどんどん回ってきたこともあったそうですね。

鍵山　昭和四十八年ですから、今から二十二年前のことでした。当社の年商《ねんしょう》が二十億円ほどのときに、ある会社に五億円の*債権《さいけん》があった。今ですと五十億円、いや八十億円くらい貸《か》していました。

　いくらお金を貸しても際限《さいげん》がないからと、その会社を引き取ってみたら、なんと簿外手形《ぼがいてがた》を切っていたのですね、そこの経営者が。つまり帳簿に付けてない手形まで私が引き取ってしまったのです。

　手形《てがた》が決済《けっさい》できなければ倒産《とうさん》です。だが、手形は毎日回ってきますし、それを落とさなければならない。毎日二つの銀行から電話がくるのですが、私どもの取引銀行《とりひきぎんこう》でなかったから融通《ゆうずう》がききません。

　当時は土曜日も銀行は午前中営業していましたから、お昼までにおカネの都合《つごう》をつけなければならないこともありました。

　結局、簿外手形《ぼがいてがた》の分三億円と、先の債権《さいけん》などと合わせてその会社には十億円の負担《ふたん》を強《し》いられました。

　でも、私はある意味では、その会社に人生を助けられたと思っています。それは逆にいえば、十億*不渡《ふわた》りを食っても、まだうちの会社はつぶれない。もしそれがなかったら、私は*左うちわです。

　若くしてそれだけ余裕《よゆう》があったら、私ももしかしたら、いい気になっていたかもしれない。

　しかし、そこで徹底、痛い目に遭《あ》って、本当に命がけでこれを守るという体験をしました。

　本当に文字通《もじどお》り、命を賭《か》けた、真剣になれたのはそのおかげでもあるわけです。

田中　しかし、年商《ねんしょう》の半分ですから、倒産しても不思議はなかった。

鍵山　そうですね。*オイルショックがその年でしたし、その後も不況《ふきょう》で金融引《きんゆうひ》き締《し》めだとか、金利《きんり》の上昇《じょうしょう》とか、次々と追《お》い打ちがかかります。

　みなさんからどうやってそれを切り抜《ぬ》けたのかと聞かれますが、私はそのころ千葉県柏市《かしわし》にあった自宅《じたく》に帰ったという記憶《きおく》がまったくありません。会社の中で荷物の間に段ボール箱を敷《し》いて眠るか、運転している車をとめて、その中で寝《ね》ているかです。

　とにかくもう、疲労困憊《ひろうこんぱい》して家まで帰る元気がない。

＊手形
取引をするときに、ある時期に決められたお金を支払うことを示した証券のこと。

＊オイルショック
一九七三年十月に起こった第四次中東戦争をきっかけとして石油価格が上がり、経済界に打撃を及ぼした。トイレットペーパーが手に入らなくなるという噂《うわさ》が流れ、スーパーの店頭に消費者がむらがったのは有名な話。

＊債権
貸したお金を返してもらう権利のこと。

＊不渡り
手形や小切手の支払日に支払いを受けられないこと。

＊左うちわ
お金の心配が何もなく気楽に暮らすこと。

高嶋　そういう状態はいつまで続いたのですか。

鍵山　＊第二次《だいにじ》オイルショックがありましたから、昭和五十四年ぐらいまでですね。

スーパーとの取引を破棄《はき》する

鍵山　そんな中で、大手《おおて》スーパー二社との取引《とりひき》を、こちらから中止《ちゅうし》しています。

高嶋　それはまた、どういう理由からですか。

鍵山　その当時のこととして聞いてください。その頃はスーパーがメーカー、問屋《とんや》を食《く》いつぶして行きました。裕福《ゆうふく》な会社を食いつぶして成長したという一面《いちめん》が、事実としてありました。

　スーパーは品物を納《おさ》めると、すぐ翌月現金で決済《けっさい》をするという。メーカー、問屋にとってこれほどありがたい商売はありませんから、スーパーへの依存度《いぞんど》を高めます。するとどうなるか。

「当社《とうしゃ》一本にしませんか」とスーパーが持ちかけてきます。これが落とし穴なのですね。

一本化《いっぽんか》したら、待《ま》ってましたとばかりに苛酷《かこく》な条件《じょうけん》を突《つ》き付《つ》けてきます。掌《てのひら》を返したように。

それでつぶされた問屋を知っていますし、私の所にもその兆候《ちょうこう》というか、むちゃな要求《ようきゅう》がきて社員ががまんしたり、おびえたりするようになりました。

私としては、そういうやり方は事業ではないと思っていましたから、こちらから取引中止を申し入れたのです。昭和五十年でした。

ただ、そうなると向こうが「やめないでほしい」ということで、最終的には中止まで三、四年かかりました。

交通安全のイエローハット

田中　その間に、他を一所懸命《いっしょけんめい》開拓《かいたく》されたのですか。

鍵山　それが今のイエローハットになったわけです。

　そのスーパー二社の売り場に社員を派遣《はけん》していましたので、撤退《てったい》するとその人たちをどうするのかという問題がありました。そこで、そのスーパーの近くにイエローハットの店を作っていったのです。

高嶋　対スーパーへの戦略《せんりゃく》としてではなく、社員の方たちのために、店を作られた。

鍵山　そうです。イエローハットという名前は、社員から募集《ぼしゅう》して決めたのですが、交通安全《こうつうあんぜん》の黄色《きいろ》い帽子《ぼうし》の意味なのです。

　その頃のカーショップといいますと、ほとんどが暴走族《ぼうそうぞく》相手の商売《しょうばい》で、まるで暴走族《ぼうそうぞく》を育成《いくせい》するような仕事

＊第二次オイルショック
一九七八から七九年にかけて起こったイラン革命で、同国の原油輸出が中止された。その影響で原油の価格が値上がりし、再び石油危機が引き起こされた。

だったのです。

私としては自分の人生を賭《か》けた事業が、そんな反社会的《はんしゃかいてき》なことではいけないという思いがあって、売上《うりあげ》が上がらなくてもいいからとファミリードライバー向《む》けの商品構成《こうせい》にいたしました。

暴走族《ぼうそうぞく》は何万円もする品物を、いとも簡単《かんたん》に買ってくれますが、ファミリードライバーは千円の品物を買うのにも慎重《しんちょう》です。

それは大変に困難《こんなん》な道ではありました。

田中　鍵山《かぎやま》社長を見ていると、現在に至《いた》るまでも一貫《いっかん》してそういうお考えですね。ふつうの人からすると後手《ごて》に見えますが、あえてその後手《ごて》を取られています。私にはそれがとても不思議《ふしぎ》です。

簡単な道も選べたが……

鍵山　そうですね。つくづく思うことは、私にももっと簡単な道があった。それなのに、よくもこんな困《こん》難《なん》な道を選んだな……と。

例《たと》えば、多品種《たひんしゅ》少量《しょうりょう》販売《はんばい》がそうでした。

私ども問屋としては小売店《こうりてん》に対して、なるたけ少ない品種《ひんしゅ》を大量《たいりょう》に売るのが効率《こうりつ》がいい。それをあえて多《た》品種《ひんしゅ》少量《しょうりょう》販売《はんばい》という、手間《てま》も費用《ひよう》もかかる道を選んだのです。

その決断《けつだん》があとになって正しかったと証明《しょうめい》されるわけですが、長年《ながねん》にわたって何の効率《こうりつ》も出ないような仕事の道を取り続けるというのは、非《ひ》常《じょう》に苦しい選択《せんたく》でした。

踏《ふ》んだ道は血に染《そ》まる

田中　そういう家に帰れないような状態《じょうたい》の中でも掃除《そうじ》は一貫《いっかん》してやり続けられたのですか。

鍵山　そうです。

今はＥＵ（欧州連合《おうしゅうれんごう》）に大使館《たいしかん》として貸していますが、その当時、東京の三番町《さんばんちょう》のその場所に小さいビルがあって、そこで仕事をしていた。屋敷町《やしきまち》ですから隣近所《となりきんじょ》は大邸宅《だいていたく》ばかりです。みんな庭に木が植《う》わっているから、道路に落ち葉がものすごく散《ち》るんです。

それをずっと遠くのほうまで掃《は》いていましたね。

田中　その当時の社員の方は？

鍵山　その当時は総務《そうむ》の人間が一人だけ、掃除《そうじ》を手伝っていました。

寺田　しかし、そういう状況《じょうきょう》の中で掃除《そうじ》を続けられたというのは大変なことですね。

鍵山　それはやはり少しでも良くなるようにという、それだけです。しかし、良くなるという保証《ほしょう》はない。

今はみなさん、掃除《そうじ》をすれば良くなるという証明《しょうめい》をみていますから張《は》り合いがあります。

でも、私はやったら良くなるという保証《ほしょう》は何もない。その中でやるわけですから。

寺田　まさに先駆者《せんくしゃ》の辛《つら》さですね。

鍵山　ですから、あの*新渡戸稲造《にとべいなぞう》博士《はかせ》に「古《いにし》えの先行《さきゆ》く人の　後《あと》見れば　踏《ふ》みゆく道は　紅《くれな》いに染《そ》む」という歌があります。自分の踏《ふ》んで行った道が血に染《そ》まっているという。新渡戸《にとべ》先生も険《けわ》しい道を歩かれたようですが、私も本当に険《けわ》しい道を歩き続けたのです。

寺田　創業《そうぎょう》の創《そう》という字はキズをつける、業《ぎょう》を起こすとはキズをつけることだといいますが、鍵山さんの創業はまさにその言葉通りですね。

鍵山　それこそ、私の出張《しゅっちょう》は一泊《いっぱく》六日《むいか》です。

田中　一泊六日？

鍵山　要《よう》するに六日間歩いている間に旅館《りょかん》に泊《と》まるのは一泊ということです。後《あと》は車の中で仮眠《かみん》するか、ほとんど走り通すかです。

田中　人の二倍、三倍働《はたら》いたという程度《ていど》を超《こ》えていますね。

鍵山　そうですね。

寺田　しかし、先《さき》ほど来《らい》のそういう厳《きび》しい状況《じょうきょう》を一体《いったい》どのように耐《た》えられたのか、そこを聞いておきたいという思いは残ります。

鍵山　耐《た》えるには、自分一人で孤《こ》独《どく》になったら人間は惨《みじ》めになっていきます。そういう時には、親には心配かけたくないとかいうようなことが耐えていく一つの大きな柱になるのではないでしょうか。

例《たと》えば、私が事業《じぎょう》で追《お》い詰《つ》められた。それを家に帰って家内《かない》に話して一緒《いっしょ》に心配しても、事態《じたい》が良くなるわけがない。一人が心配すればいいのを二人が心配しなくちゃいけなくなります。

きょうはこれからヤクザに会わなきゃいけないとか、そんなことを会社でみんなにしゃべったからといって、心配が減《へ》るわけでもない。心配を大勢《おおぜい》がするだけです。

自分が引き受けたときに、使命感《しめいかん》といいますか、それを自分が引き受けているという、荷物《にもつ》を一人で背負《せお》っていくのだという使命感《しめいかん》が、耐《た》えていく大きな柱になるのではないかと思います。

鍵山語録《かぎやまごろく》の魅力《みりょく》

寺田　鍵山《かぎやま》さんの話は体験から出ているので、我々《われわれ》がハッとするようなことをいわれます。「物事《ものごと》は素手《すで》でつかめ」という言葉も心にしみた言葉です。

鍵山　*天竜《てんりゅう》川の向こうとこっちで石を投げあっても、石は川の中にポチャンと落ちるだけで、それでは何の解決《かいけつ》にもなりません。例《たと》えは好《この》ましくはないかもしれませんが、本当に喧嘩《けんか》をするんだったらお互いの石が届《とど》く距離《きょり》でないと決着《けっちゃく》はつきません。

汚《きたな》いものを見て「汚いなあ」というだけでは、一つも解決《かいけつ》にはならな

＊新渡戸稲造
一八六二〜一九三三。教育者、農政学者。盛岡市生まれ。札幌農学校卒。内村鑑三《うちむらかんぞう》、岡《おか》倉天心《くらてんしん》と並ぶ近代日本の代表的な国際的知識人。キリスト教の精神に基づく国際親善《しんぜん》に尽くした。著作に『修養』『武士道』など。

＊天竜川
長野県中央部にある諏訪湖《すわこ》を源として、木曽山脈と赤石《あかいし》山脈の間を流れ、静岡県浜松市南東で遠州灘《えんしゅうなだ》に注ぐ川。佐久間ダムなどのダムが多数ある。

い。そのときです。手にゴム袋をはめてやるか、柄《え》の長いものを使用するか、あるいは手で触《さわ》るのか——。やはり、手で触《さわ》るのが一番です。そうすれば汚いのがわかるし、きれいにした時の喜び、実感《じっかん》もわいてきます。

母親が子供のおしめを替《か》えるのに、ゴム手袋をはめたりいたしません。

物事には、何でもじかに触《ふ》れる。これが一貫《いっかん》した私の考え方なのです。

田中　わかります。「大きな努力《どりょく》で小さな成果《せいか》」という言葉に私は新鮮《しんせん》な感動を覚《おぼ》えました。

鍵山　本来《ほんらい》は「小さな努力で大きな成果」というのが経済《けいざい》の原則《げんそく》のように見えますが、そうではない。結果的には、大きな努力で小さい結果を手にするほうが確実《かくじつ》なのです。

当《あ》たり外《はず》れのない確実な道というのは、確率的《かくりつてき》にも大きな努力で小さな結果を期待《きたい》するほうが高い。そして、私は確率《かくりつ》の高いことを積《つ》み上げていくという考え方です。

田中　それは、ご自分の体験《たいけん》から出てきたものですか。

鍵山　そうですね。それと両親もそうでした。

高嶋　でも、一般《いっぱん》の人はそうは思いませんね。

田中　経営《けいえい》コンサルタントなども、鍵山《かぎやま》社長とは逆《ぎゃく》のことを言いますよ。

鍵山　でも、それで会社が良くなったかというと、良くなっていないでしょう。

田中　良くなっていません。私の経験《けいけん》からも断言《だんげん》できます。会社の体《たい》質《しつ》が弱ってきます。

高嶋　私自身は鍵山《かぎやま》さんの言葉の中で「権限《けんげん》でも何でも、許《ゆる》される範囲《はんい》を全部《ぜんぶ》使い切らずに、できるだけ控《ひか》え目に使いなさい」という言葉が印象に残っています。

鍵山　それは与えられたものを使い尽《つ》くさない、ということです。例《たと》えば松茸《まつたけ》でも根《ね》こそぎ採《と》ったら来年は採れない。目こぼし採りこぼしというものがあって初めて、それが来年の種《たね》になる。なんでも根こそぎ採ってしまうようなやり方は長続きしません。

与えられた条件を全部使い尽《つ》くすようなやり方は人の縁《えん》も切れてしまう。それは親子兄弟でもそうです。子供が親から与えられている条件を全部使い尽くしていったら、いくらわが子でも、いい加減《かげん》にしろということになる。

ですから、人の縁《えん》でも事業《じぎょう》でも使い尽《つ》くすということは控《ひか》えなくてはいけない、と思います。

傲慢《ごうまん》は厳《きび》しく叱《しか》る

高嶋　一つ質問《しつもん》があるのですが、社員が失敗《しっぱい》したりしたときはどんな叱《しか》り方をされますか。

鍵山　失敗について、私は社員に怒《おこ》ったことはありません。そりゃ、問屋業をやっていますと、ずいぶん貸《か》し倒《だお》れを作ったりしました。もうこの会社に貸してはいけないといっているのを聞きいれず、相手が倒産《とうさん》して被害《ひがい》をさらに大きくしたことは、過去《かこ》たくさんありました。

でも、それは引っかかろうと思ってやったことではないのだから、私は怒ったことはありません、本当に。

でも、失敗は怒《おこ》ったことはないが、これを怠《おこた》れば他人が迷惑《めいわく》を受けるということをわかっていてやった場合はこっぴどく叱《しか》ります。

例《たと》えば、会社の湯沸《ゆわ》かし室《しつ》などに手をふくタオルと、布巾《ふきん》が掛《か》かっています。手を洗《あら》ったとき、たまたま手をふくタオルが掛《か》かっていなかったから布巾《ふきん》でふいた……というのは私は許《ゆる》さない。

高嶋　営業成績《えいぎょうせいせき》が悪いといっても、怒《おこ》らないんですね。

鍵山　こういうことがあります。今月の売上《うりあげ》が三億円の予定《よてい》が、二億五千万円だったときは、怒ったことはないんです。

ただ二億九千九百八十万円だったときは怒ります。もう二十万円なら、お客さまに迷惑《めいわく》をかけずにクリアできたはずだ。五千万円ならカバーのしようがないが、二十万円ならできたはずだ、と。

締《し》め切《き》ってみて二十万円足《た》りないということは、日頃《ひごろ》いかに数字のことにお構《かま》いなしだったかの証明《しょうめい》です。だから、叱《しか》るのです。

高嶋　なるほど。

鍵山　それと、本来《ほんらい》その人が果《は》たすべき務《つと》めを怠《おこた》る。あるいはその役《やく》職《しょく》としては当然《とうぜん》知っていなければならないこと、それも私が三度も五度も説明《せつめい》したことをまだ理解《りかい》していないということについては怒ります。

なぜかというと、その人だけのことじゃない。その人の部下《ぶか》のことも考えてあげなければならない。弱者《じゃくしゃ》にマイナスが及《およ》ぶようなことに対しては私は厳しいです。

メーカーさんに対して傲慢《ごうまん》な態度《たいど》をしていたりすると、ちょっと用《よう》があるからと呼《よ》んで「今やっていた恰《かっ》好《こう》をここでやってみろ」という。「いやできません」。「できませんって今やっていたじゃないか。どうしてぼくの前でできないことを他人《たにん》の前でやるんだ」と叱《しか》ります。

それは私もさんざん他人から屈辱《くつじょく》的《てき》な目に遭《あ》わされてきている。だから他人のちょっとした冷《つめ》たい目とか表情《ひょうじょう》とかが気になります。

当社《とうしゃ》の社員が郵便配達人《ゆうびんはいたつにん》とか、そば屋の出前《でまえ》を持ってきた人に、そういう態度《たいど》をとったりすることは、私が傷《きず》つけられたように憤《いきどお》りを感じます。だから、私どもの場合は出前《でまえ》をとると、どんなに忙《いそが》しくても必ず器《うつわ》をきれいに洗って返します。そういう社風《しゃふう》の会社でありたいというのが私の願《ねが》いです。

「優良店を不振店と交換」の真意

寺田　私はきょうは鍵山《かぎやま》社長のお話の聞き役に徹《てっ》するつもりで参《まい》りました。鍵山社長とお付《つ》き合《あ》いさせていただいてそのお人柄《ひとがら》をひと言で表《あらわ》せば「謙敬謙愛《けんけいけんあい》」という言葉がピッタリと思います。これは森信三《もりのぶぞう》先生が幻《まぼろし》の師匠《ししょう》として尊敬《そんけい》し続けた新井《あらい》*奥邃《おうすい》という先生の言葉です。

その一つの好例《こうれい》として、つい最近、*松下政経塾《まつしたせいけいじゅく》の*上甲晃《じょうこうあきら》副塾長《ふくじゅくちょう》が「経営者《けいえいしゃ》の決断《けつだん》」ということを書かれています。

鍵山《かぎやま》社長のところのイエローハットの直営店《ちょくえいてん》で一番儲《もう》かっているドル箱店《ばこてん》を、なんと同業他社《どうぎょうたしゃ》の大赤字《おおあかじ》店と等価《とうか》で交換《こうかん》されたという話です。

上甲《じょうこう》さんによりますと、鍵山社長は、同業《どうぎょう》の経営不振《ふしん》であえいでいる店の経営者に頼《たの》まれて、自分から等《とう》価交換《かこうかん》した。そしてイエローハットのドル箱店で働いていた人たちを、そっくり不振店に配置転換《はいちてんかん》されました。

ドル箱店で働いていた人はなんだか納得《なっとく》できなかったでしょうが、今ではお決《き》まりの掃除《そうじ》から始《はじ》めます。鍵山《かぎやま》社長が先頭《せんとう》に立って、汚《きたな》い店の中や、周囲《しゅうい》の掃除《そうじ》に取りかかりました。大きなトラック四、五台分のゴミが出たそうです。以来、店の人たちは毎日夜遅《おそ》くまで働いています。そんな店の変化に、お客さまも敏感《びんかん》に気付《きづ》いています。

上甲《じょうこう》さんの文章は、こう続いています。「経営不振《けいえいふしん》の店を立て直すことこそ、まさに経営《けいえい》である。しかも、相手に自分の持つ一番大事《だいじ》なものを与えたうえで、相手が持《も》て余《あま》しているものを引き受ける発想《はっそう》こそ、志《こころざし》そのものではないだろうか」。

損得《そんとく》のソロバン勘定《かんじょう》からだけの発想からは決して生まれてこない考えです。

田中　すごいですね。

高嶋　われわれの常識《じょうしき》を超えていますね。いつ、交換《こうかん》されたのですか。

鍵山　Sという八店舗《はちてんぽ》で展開《てんかい》しているチェーンの一店《いってん》ですが、向こうのオーナーから話があったのが春先《はるさき》ですから、そんなに時間が経《た》っていません。そのチェーンでは、四年の間に十数億円の赤字《あかじ》を出していました。それ以前にも別の地域《ちいき》の方《かた》から傘下《さんか》に入りたいという申《もう》し出《で》がありまして、そこの一番困っている店と、私どものドル箱店を同じように交換《こうかん》しました。

高嶋　もう一度お聞きしますが、そうやって引き受けたのはどういうことですか。

鍵山　人間の体でいえば、好きな食べ物ばかり食べていては不健康《ふけんこう》になるということです。やっぱり嫌《きら》いなもの、苦手《にがて》なものを併《あわ》せて食べてこそ健康になります。

企業もそうで、自分が好きなよう

＊新井奥邃
一八四六〜一九二二。武士、宗教家。陸《む》奥《つ》仙台藩士。明治三年に森有礼《ありのり》に随行《ずいこう》して渡米、キリスト教教団新生社に入る。三十二年に帰国後、聖書《せいしょ》を講《こう》じる。

＊松下政経塾
日本の将来を担《にな》う人材を育てるために松下電器の創業者松下幸之助氏が財を投じて設立した私塾。多くの政治家が生まれている。

＊上甲晃
一九四一年大阪生まれ。京都大学教育学部卒業後、松下電器に入社。八一年から松下政経塾に勤務、塾頭《じゅくとう》、常務理事・副塾長を務める。九六年松下電器を退職《たいしょく》、志ネットワーク社設立。著書に『志のみ持参』『志高く生きる』（致知出版社刊）など。

に、やりたいようにやっていて良くなるかというと、悪くなるんです。むしろ、マイナスの条件《じょうけん》をひっくるめて、それを良くしていくというエネルギーを湧《わ》き立たせたほうが新しい細胞《さいぼう》が生まれてくるのです。

高嶋　ああ、今のお話で、私の今直面《ちょくめん》している問題の糸口《いとぐち》が見つかったような気がします。

マイナスをあえて引き受ける

鍵山　私からみると、いま東大《とうだい》を出たような経営者が頭だけで考えて少しでも不利《ふり》なことを切り離《はな》して、有利《ゆうり》なことを取《と》り込《こ》んでいこうとされていますが、これでは決して会社はよくならないです。

田中　おっしゃる通りです。

鍵山　私の人生でも事業でも気をつけていることは、自分にとってマイナスのことをできる限《かぎ》り引き受けるということです。

企業《きぎょう》というのはちょっとでも不利なことは切り捨《す》てるというのです。これは合理的《ごうりてき》な考え方です。ちょっとでも不利なことを切り捨ててマイナスにならないようにして、プラスのことばかりでやっていく。これがふつうの企業観《きぎょうかん》です。それでは絶対《ぜったい》に良くならない。

日本で身体障害者《しんたいしょうがいしゃ》や高齢者《こうれいしゃ》を全部切り捨てていったら、日本の国は良くなるか。良くならないです。例《たと》えば、家族で三人の子供のうち一人、重度身体障害者《じゅうどしんたいしょうがいしゃ》が生まれてしまった。その子供が早く死んでしまったら、みんな幸せになるかというと、ならない。やはり、その子供を引き受けて家族みんながその重度身体障《じゅうどしんたいしょう》害者《がいしゃ》を守《まも》り抜《ぬ》いていったときに初《はじ》めて、そこに家族の幸せがあるのです。

不利《ふり》なものを切り捨《す》てれば切り捨《す》てるほど悔《く》いを残すことになる。企業ですから限度《げんど》はありますが、出来《でき》る限り、不利なことを引き受けながらやっていく。その上《うえ》でなおかつ利《り》益《えき》を生み出していくときに、人間の知恵《ちえ》も才覚《さいかく》も必要《ひつよう》とされる。不利なものを切り捨てていくなら知恵《ちえ》も才覚《さいかく》も必要ない。冷酷《れいこく》な気持ちだけあればいい。

高嶋　経営者としてはズキッときます。

鍵山　当社《とうしゃ》でも*人工透析《じんこうとうせき》に週に二度は必ず行かなければならないというのが三人か四人いるんです。知恵遅《おく》れの涎《よだれ》をたらしている人もいます。しかし、こういう人が何年も給料《きゅうりょう》を持って帰れることを親がどれだけ喜んでいるかと思います。他社《たしゃ》じゃ勤《つと》まらない。いま物流《ぶつりゅう》センターにいますが、本社から社員が行くと、社長はいつ来るかと聞くらしいです。

数字を背景《はいけい》に傲慢《ごうまん》になるな

鍵山　「事業と人物」ということ

*人工透析　低下した腎臓の機能を補って血液を浄化するための装置。その治療を受けること。

で締めくくりますと、一般的には立派なビルに入っているとか、財産《ざいさん》をたくさん持っているとか、売上《うりあげ》が大きい、*経常利益率《けいじょうりえきりつ》が高い、あるいは資本比率《しほんひりつ》が高いとか、そんなことで評価《ひょうか》をしています。そして、そういう会社を*エクセレント・カンパニーといっていますが、私はそういう基《き》準《じゅん》ではありません。

　電車の中などで、どこの会社かすぐわかるバッジを付《つ》けながら傍若無《ぼうじゃくぶ》人《じん》に振《ふ》る舞《ま》っている人を見かけますが、そんな社員の集団《しゅうだん》では、いくら何兆《なんちょう》円もの売上があってもエクセレント・カンパニーとはいえません。

　たとえ資本金《しほんきん》が小さくても、絶《た》えず赤字・黒字の線上《せんじょう》を漂《ただよ》っていたとしても、社員一人ひとりが思いやりがあり、他人に迷惑《めいわく》をかけないように心がけている。そういう会社を、私はエクセレント・カンパニーというのです。

高嶋　なるほど。

鍵山　ですから、当社もおかげさまで今、思いもかけない数字をあげていますが、私が会社の中で絶《た》えずいっているのは、「数字を背景《はいけい》にして傲慢《ごうまん》になるな」ということです。

　数字が大きくなると、よそさまは頭を下げたりするが、それは会社の背景《はいけい》にある数字に頭を下げるのであって、その人に頭を下げるのではない。だから一個人《いちこじん》の人間的魅力《みりょく》で人生を送ってほしい、というのです。

　私も今年六十二歳になりました。私に残されている時間もそうないことをこの頃《ごろ》、感じるようになった。

　そうすると、この残された時間をどう自分の足を使って一人でも、穏《おだ》やかな人生を送れる人を作っていくか。それが私の使命《しめい》のような気がします。

　そういう意味で、私にとっては仕事と人生は別のものじゃない。

　*河井寛次郎《かわいかんじろう》先生の言葉に「喜ぶものはみな美しい」という言葉があります。どんな人間でも、喜んでいる姿《すがた》というのは美しい。たとえ、日頃《ひごろ》嫌《いや》な奴《やつ》、顔も見たくない人間でも、その人が何かで喜んでいる姿というのは実に美しいものだ、と。

　ということは、いつも美しいものを見たいと思ったら人を喜ばせたらいいわけです。そしたら、いつも美しいものが見られる。逆《ぎゃく》に、人に美しいものを見せたかったら、どうするか。

　そういう話をこの間、お付き合いいただいている高崎市《たかさきし》の内堀一夫先生のクラスの四年生のみなさんにしたんです。それはあなたが一所懸命《いっしょけんめい》、心を込《こ》めて物事をやることだ、人に美しいものを見せようと思ったら、あなた自身が一所懸命《いっしょけんめい》に打ち込む、しかも心を込めて……と。

　これはそのまま、私の事業観《じぎょうかん》であり人生観《じんせいかん》であり人間観《にんげんかん》です。

（『致知』一九九五年十二月号掲載）

*経常利益率
総資本に対しどれだけの利益が出たかという割合。一般に、経常利益率が高いほど会社経営がうまくいっていると考えられる。

*エクセレント・カンパニー
一定条件を満たす超優良企業のことを指す経営用語。

*河井寛次郎
一八九〇〜一九六六。陶芸家《とうげい》。島根県安《やす》来《ぎ》市生まれ。従来《じゅうらい》の日本の陶芸とは違った独創的で自由な作風《さくふう》が特徴。

◎現代人の伝記◎

矢谷　長治

わが独行道

画壇を離れ、画業一筋に生きた孤高の画家に聞く

画壇《がだん》に背を向け、描くことだけを目的に生きてきた老画家がいる。矢谷長治《やたにちょうじ》氏八十六歳。南伊豆《みなみいず》・子浦《こうら》に居《きょ》を構《かま》え、柿と語り、冬瓜《とうがん》と語り、山と語る。世俗《せぞく》を断《た》ち、ひたすら天の声に耳を澄《す》まし続けた画業一筋《がぎょうひとすじ》の人生を伺《うかが》った。

《プロフィール／矢谷長治》

やたに・ちょうじ　大正4年静岡県生まれ。昭和9年家出《いえで》し、東京へ。田中青坪《せいひょう》氏に師事《しじ》する。12年召集《しょうしゅう》。15年召集解除《かいじょ》。21年院展に『冬の山』初入選。山本丘人《きゅうじん》氏に師事する。24年第1回創造《そうぞう》美術に『蓮』『静物』初入選。26年新制作協会日本画部に11年連続入選。29年勁草《けいそう》会に出品する。30年静岡市で7年連続二人展。41年中央公論社画廊《ちゅうおうこうろんしゃがろう》にて個展6回。以後、静岡県下や京都、埼玉などで個展多数開催《かいさい》。平成9年箱根・成川《なるかわ》美術館の「山本丘人とその仲間達展」に『冬の山』と『冬日』出品。10年成川美術館にて「矢谷長治展」を開催。

院展に入選するまで

——きょうは先生の人生を聞かせていただきたいと思って来ました。最初に画家を志《こころざ》されたのは、何歳ぐらいのときですか。

矢谷　それはね、*尋常《じんじょう》小学校のとき、結核《けっかく》の*転地療養《てんちりょうよう》で伊豆《いず》に来ていた人が*代用《だいよう》教員になって僕《ぼく》たちを受け持ってくれた。その先生から「長《ちょう》治《じ》、おまえはほかの職業《しょくぎょう》になっちゃだめだぞ。画家になれ」って、一番最初に言われたんです。四年生のときでした。

　そのころ僕は坊主《ぼうず》になりたかった。それで、*鎌倉《かまくら》の建長寺《けんちょうじ》に手紙を出していたんです。返事が来るとは思わない。ある日学校から帰って遊びに行こうと、カバンを投げて家を出ようとしたら、母親がね、手ではがきを押《お》さえて「長治《ちょうじ》、上がれ」って言う。上がったら「これは何だ」と。はがきを見ると建長寺の管長さんからで「両親の了解《りょうかい》ができたら来なさい」と、それだけしか書いてないんです。それで母親はびっくりしちゃった。そしてものすごく叱《しか》られた。絶対《ぜったい》だめだと。

　それじゃその次が絵だからと思ってね。その時分《じぶん》から画家になろうということをだんだんに考えだした。高等《こうとう》一年のときの先生からも画家になれと言われて、だから高等《こうとう》小学校を卒業《そつぎょう》するときには、ゆくゆくは画家になろうと。ほかの道は考えなかったね。

——その後は絵の道一筋《ひとすじ》で。

矢谷　そう。十九歳で家出《いえで》をして東京に行って、*田中青坪《たなかせいひょう》先生に師事《しじ》しました。二十二歳で軍隊《ぐんたい》に行った。関東《かんとう》では最初の召集《しょうしゅう》でした。軍隊《ぐんたい》のときも塹壕《ざんごう》の中で僕は絵を描《えが》いていた。二十三のときに*徐州《じょしゅう》で腕《うで》を負傷して、*野戦《やせん》病院に三年間入院している間に部隊《ぶたい》が召集解除《かいじょ》になり、日本に帰ってきたのが二十五歳のとき。昭和十五年でした。

　日本に帰って、大阪の日赤《にっせき》病院の屋上《おくじょう》に上ったら、夕暮《ゆうぐ》れの電気がついて、女の子が勤《つと》めから帰ってくるのが見えた。そのときに僕は涙《なみだ》が出た。日本人はほんとは戦争を知らないんです。もし戦場《せんじょう》になって負《ま》け戦《いくさ》になったら、女の子が平気《へいき》で町を歩けるようなことは絶対あり得ないんだから。

　戦争半《なか》ばにして負傷《ふしょう》して帰ってきたとき、ものすごくやりきれなかった。で、僕は生まれ故郷《こきょう》の南伊豆《みなみいず》・子浦《こうら》に疎開《そかい》してずっと山を描《えが》いた。

——ご結婚《けっこん》はいつですか。

矢谷　日本に帰った翌年、二十六でしました。子どもも二人生まれて、疎開先《そかいさき》の子浦は大家族《だいかぞく》でした。それだけの人数が食べるものがなくて、僕は朝飯《あさめし》以外は食べなかった。そして親戚《しんせき》の炭小屋《すみごや》の四畳半《よじょうはん》を借りて、そこで絵を描いていた。食べてない

＊尋常小学校　旧制小学校の一種。満六歳以上の児童に初等普通教育を施した。

＊転地療養　空気のよい場所に移って病気を治すこと。

＊代用教員　教員不足の時代に雇われた正式の教員免許を持たない臨時教員。

＊鎌倉の建長寺　鎌倉幕府第五代執権北条時頼《ときより》が建長五（一二五三）年に創建《そうけん》した日本最初の禅宗寺院。

＊田中青坪　一九〇三〜九四。群馬県生まれ。日本画家。昭和四十二年「春到」が院展文部大臣賞。

＊徐州　現在の中国山東省《さんとうしょう》南部、江蘇省《こうそしょう》および安《あん》徽省《きしょう》北部を含む一帯。

＊野戦病院　戦場に設置された臨時の病院。

から体力がなくて、冬なんか小屋に上がる階段《かいだん》があがれないんだ。だから体を伏《ふ》せて、そして足を持ち上げて這《は》い上がった。そうやって絵を描いていた。

――昭和二十一年に、*院展《いんてん》に初入《はつにゅう》選《せん》された『冬の山』はそういう状況《じょうきょう》のなかで描かれたのですか。

矢谷　そうです。だから自分ではまだ気に入ってなかったんです。それで「出さない」と言った。そしたら父と家内《かない》に「苦労《くろう》して描《えが》いたんだから、結果《けっか》はどうなってもいいから出してくれ」って泣かれちゃったんですよ。

うぬぼれが出ると もうそれで終わり

矢谷　そのころは生活のために塩を炊《た》く仕事をしていました。*ラバウルから帰ってきた弟と父親と僕の三人でね。山奥《やまおく》で父親が切り出した薪《まき》を浜まで運ぶ。大きなトタン板の一枚を皿にして、海水をくんでは蒸発《じょうはつ》させるんです。塩づくりはずっと炊《た》き続けなければいけないから、薪《まき》運びは一日に十四回も山との往復《おうふく》を繰《く》り返す重労働《じゅうろうどう》です。朝六時くらいから炊《た》いて、夕方五時には*一斗《いっと》炊けた。それを持って農家へ物々交換《ぶつぶつこうかん》に行く。そうすると塩*一升《いっしょう》が米一升になった。

院展《いんてん》への出品《しゅっぴん》で東京に行くときも、それぞれ塩二斗《にと》を背負《せお》って弟と二人で行きました。額《がく》を分解《ぶんかい》して絵を巻《ま》いて、それで上野美術館《うえのびじゅつかん》に行って枠《わく》を組み立てて糊《のり》で貼《は》って、生乾《なまがわ》きのまま出して、そのまま物々交換《ぶつぶつこうかん》に埼《さい》玉《たま》へ行った。しかしまったく売れなかった。

田圃《たんぼ》の土手《どて》で野宿《のじゅく》して、朝になって、弟に「もう一回行ってみろや」って言ったら「いやだよ兄貴《あにき》、塩ぶん投げて帰ろうや」って。弟は独身《どくしん》だからいいけどね、僕はそれはできない。それでもう一回行ったら全部買ってくれた。前の日は*闇物資《やみぶっし》を取り締《し》まる私服《しふく》のお巡《まわ》りさんが村に来てたんだね。

売れた半分《はんぶん》を金にして、半分は米にして、東京駅まで弟を送って、列車に乗せてね、僕は帰りの旅費《りょひ》だけ取って子浦《こうら》に帰した。それから田中先生のところに行ったんです。

――そこで院展入選《いんてんにゅうせん》を知るんですね。

矢谷　そう、でも気に入らないのを出したんだから入るとは思ってない。最初先生に「長治《ちょうじ》くんおめでとう」と言われても何のことかわからなかった。「何のことですか、先生」と言ったら、奥《おく》さんがタターっと飛《と》んできてね、僕の顔を見たらわあっと泣き出した。まだ僕はわからない。「困ったものだな、長治《ちょうじ》くんは何もわかってないな。君《きみ》はなんで夕《ゆう》べ来なかったんだ」と。

そのとき院展《いんてん》に入ったのは、全国

*院展
日本美術院の開催する展覧会。

*闇物資
正規のルートではない裏ルートで売買される品物。戦中・戦後の食糧難の時代は、衣類等を食べ物と交換したり、手に入らない食べ物を互いに交換し合うようなことが行われた。また、戦後の都市には闇市も立った。

*一斗、一升
「升」とは「ます」のことで、一升は約一・八〇三九リットル。十升が「一斗」、十分の一升が「一合」になる。

*ラバウル
南西太平洋ビスマーク諸島にあるニューブリテン島北東端の都市。太平洋戦争では旧日本海軍航空隊の前線基地が置かれた。

で四人だけだった。その当時はね、院展《いんてん》というのは権威《けんい》があって、三回入ったら東京で二千坪《つぼ》の家を持って、書生《しょせい》を養《やしな》えたんです。一生《いっしょう》かけても入らない人のほうが多かった。

それから先生に「長治《ちょうじ》君、勉強になるから、毎日一緒《いっしょ》に美術館に通おう」と言われて、子浦《こうら》にはすぐに帰らず、先生と十日間ほど旅行《りょこう》をしている間に父から電報《でんぽう》が届《とど》いた。「急用《きゅうよう》あり、すぐ帰れ」とね。

帰ってみると「朝日新聞《あさひしんぶん》が記事《きじ》を載《の》せるのに本人の承諾《しょうだく》を必要《ひつよう》としている。すぐに役場《やくば》へ行け」と父に言われた。役場から新聞社の下田支所《しもだししょ》に電話をすると、昔《むかし》の新聞記者というのはおもしろいね、こう言うんですよ。「これから読むから記事が間違《まちが》っているところがあったら、間違っていると言ってください」と。それでずうっと読みだしたの。

記事は一つも間違《まちが》ってなかったから「間違ってません」と言うと、「じゃ本社に送るから」と言う。僕は「ちょっと待《ま》ってくれ」と言った。「どうしてですか」と言うからね、「いまね、記事に出されるのは困《こま》るんだ。うぬぼれが出るともうそれで終わりだから、頼《たの》むからその記事はやめてくれ」と言ったの。

そうしたら本社《ほんしゃ》の企画部長《きかくぶちょう》が子浦《こうら》に来ました。生意気《なまいき》なやつだと思って来たんでしょうね。

でも僕《ぼく》が画室《がしつ》もなく絵を描いている姿《すがた》を見て、「誤解《ごかい》していた」と言って謝《あやま》りました。この企画部長とは、亡《な》くなるまでずっと付き合いましたけどね。

山本丘人《きゅうじん》先生との出会い

——以来《いらい》、先生は画壇《がだん》からは離《はな》れた生活をしてこられたんですね。

矢谷　そうです。やはりなんというか、僕には仏教的《ぶっきょうてき》な血があったんでしょうね。みんなが望んでいるのは、まず入選すること、それから賞を取ること、それで知名度《ちめいど》を高くして生活すること。

ところが入選するまでは素直《すなお》なんだが、入選してからが問題なんです。上層部《じょうそうぶ》との付き合いやらいろいろと面倒《めんどう》なことをしなければならない。僕は絶対にそれはだめだという信念《しんねん》があったからね。

——そういう日常の煩《わずら》わしいことでなく、絵に没頭《ぼっとう》したいというのが先生の考えだったのですか。

矢谷　そうです。僕は若いときに命を懸《か》けて野戦《やせん》に三年間行ってきましたからね。絵以外は、絶対に関《かか》わっちゃいけないという信念《しんねん》があった。

——その後、＊山本丘人《やまもときゅうじん》先生に師事《しじ》されるようになりますね。

矢谷　そう。『冬の山』を見られた丘人《きゅうじん》先生が、親友《しんゆう》だった田中先生に「ぜひ矢谷《やたに》さんに会いたい」と言われ、田中先生から「丘人《きゅうじん》はいい人物《じんぶつ》だから会ってみては」と勧《すす》められたんで

＊山本丘人
一九〇〇〜八六。日本画家。東京生まれ。東京美術学校日本画科選科卒。戦後の日本画の活性化に尽力した。主な作品に「夕焼け山水」「残月光」など。

す。

田中先生に師事《しじ》していた僕を、丘《きゅう》人《じん》先生は「小金井会《こがねいかい》」という自分の会の会員《かいいん》に勝手《かって》にして、会費《かいひ》も納《おさ》めてくれて、それで「出ろ」と言う。僕は研究会《けんきゅうかい》というのは切るか切られるかの真剣勝負《しんけんしょうぶ》の道場《どうじょう》だと思っているわけです。ところが全然《ぜんぜん》そういう雰囲気《ふんいき》ではない。先生の彼女だとかいう女性が若いのに上席《じょうせき》に座っていたりね。

そういうことから、丘人《きゅうじん》先生に対しては、尊敬《そんけい》と、半分は尊敬してないところもあるんです。

――丘人先生は、相当矢谷《そうとうやたに》先生を評価《ひょうか》されたんですね。

矢谷　そうです。研究会に通うようになると伊豆《いず》からでは無理になった。それで「東京へ出てきます」と言ったら、先生は僕には何も言わず、小金井《こがねい》の自分の家の近くの新築《しんちく》のアパートを用意《ようい》してくれました。そんなことは知らないから、三か月後に自分で部屋を探して先生のところに行ったら、「昨日契約《けいやく》を解消《かいしょう》したところだ」と言うから、びっくりしましたよ。

お宅《たく》へお邪魔《じゃま》すると帰りには必ず門《もん》の外まで送ってくれてね、僕が気づかないようにポケットに五万円入れてくれる。当時の五万円ですからね。

絵は、自分が生きていく証《あかし》

――先生にとって絵というのは、どういうものなんでしょうか。

矢谷　自分が生きていく証《あかし》でしょうね。だからほかの職業《しょくぎょう》になろうと思ったことは、絶対ないね。僕がもし死んで、もう一回生まれ変わっても絵以外は選《えら》ばないでしょうね。

これはなぜかというとね、やっていればわかるけれど、絵の世界は嘘《うそ》を言ったら絶対だめなんですよ。山を描く。一か所わからないところがあって、そこをつくったら、もうこの絵は全部だめになっちゃう。

だから嘘《うそ》を言わずに真《ま》っ正直《しょうじき》に生きて生活ができるというのは、僕の場合は絵以外にはないと思うね。

――そうですか。このへんはちょっとつくってしまえ、というのはだめなんですか。

矢谷　もうだめですね。そこから崩壊《ほうかい》していきますよ。リズムが違《ちが》う。

――先生は大変長く、七年もかかって描《えが》く絵もあるわけですね。

矢谷　そうです。

――それはやはり自分で得心《とくしん》がいかないというか。

矢谷　そうですね。もし山なら山を描《えが》くでしょ。描き始《はじ》めのときはね、去年も一昨年も描いた山だから一週間ぐらいで描けるとこう思っちゃうわけだ。ところが去年よりも一昨年よりもその前よりもわからないときがある。やればやるほどわからない。

プロですから、形を描いて、色を描くことはできますよ。それでいいかといったらよくない。何かが出ていない。出ない何かがあるんですね。一番大事《だいじ》なものが…。その何かが掴《つか》めないんですよ。

——では、もうこれでいいっていうのはないんですね。

矢谷　ないね。絶対《ぜったい》ない。だからやればやるほど難《むずか》しくなる。だからわからないうちのほうがかえって楽だね。

——そういえば先生の文章《ぶんしょう》にこういう一文《いちぶん》がありますね。

「＊伊吹山《いぶきやま》のふもとに宿《やど》をとり、昼も夜もなく雪を描き続けた。遮蔽物《しゃへいぶつ》のない三叉路《さんさろ》で雪を描く。五分で全身が真白《まっしろ》になる。トラックの運転手がみんな、一時停車《いちじていしゃ》して、描いている姿《すがた》を見ると、『あ、人間だ！』と言って、通りすぎていった」

二十一年前に『伊吹山《いぶきやま》』という作《さく》品《ひん》を描かれたときの話ですね。

矢谷　そうです。伊吹山《いぶきやま》の近くに観音峠《かんのんとおげ》というのがあるんだけど、そこは雪が深《ふか》いの。家がなくて、三叉路《さんさろ》になっているだけ。

ところがそこが一番いいものだから、タクシーに朝八時につれていってもらって、夕方五時に迎《むか》えに来てもらう。

——八時から五時まで、九時間も雪の中で描いているんですか。

矢谷　そうそう、立ちっ放し。使《つか》い捨《す》てのカイロが出たてのころで、胴《どう》の周《まわ》りに全部巻《ま》く。それで、靴《くつ》の下にも入れておくんです。それでも大変だった。雪をいちいち払《はら》っていたら描けないから、放っておくと雪の塊《かたまり》になっちゃう。

長岡《ながおか》に行くトラックがときどき通るんです。運転手はいままでそこにそんなものはないから、不思議《ふしぎ》がっていったん車を止《と》めるんですよ。そうすると筆《ふで》を持った手が動いてる。そ「あ、人間だ！」って（笑）。

本当の仕事は八十歳を過ぎてから

——本当の仕事は八十歳を越《こ》えてから、というお言葉がありましたね。それはいまではどうですか。

矢谷　いまでもそうです。実際《じっさい》に八十過《す》ぎて回想《かいそう》するとね、六十歳や七十歳は子どもだね。それは他人《たにん》が子どもと言うんじゃない、自分自身《じぶんじしん》がね。自分自身が子どもですよ。それがよくわかるね。

——それはどういう意味で子どもなんでしょうか。

矢谷　実生活《じっせいかつ》も子どもだしね、経《けい》験《けん》がね。山に向かう姿勢《しせい》も、そのときはそのときで張《は》り切って、全力《ぜんりょく》でやってるつもりでしょう。だけどどこか違《ちが》う。やっぱり若《わか》いな、という感じですよ。

自分自身を見つめているとね、違

＊伊吹山　滋賀・岐阜両県の県境にある伊吹山地の最高峰。江戸時代以来、「伊吹もぐさ」で有名。小倉百人一首に歌われるなど、数多くの文学作品に登場する。

ってくるんです。

水仙《すいせん》を去年《きょねん》描いてわかったつもりで描いてるでしょ。ところが今年、じいっと見てると、ああっていうことがわかる。それでまた来年《らいねん》になるとわかる。そういう積《つ》み重《かさ》ねだからね。昔北斎《ほくさい》が九十歳のときに、あと一年あったら本物の絵が描けると言ったといいますが、やっぱり北斎《ほくさい》もそうだったと思うね。もう一年、今回わかったんだから、もう一年あったらもっとと思ったと思う。

描かれている柿《かき》は腐《くさ》らない

――描かれている柿《かき》だけが最後まで腐《くさ》らないで残るという話は、非常《ひじょう》に印象的《いんしょうてき》です。

矢谷　そう、本当に不思議《ふしぎ》ですよ。柿は毎年描きますが、モデルにした柿は最後まで腐《くさ》らない。これはもう絶対に不思議なことだね。だから僕《ぼく》はね、やっぱり柿にそこまでやるとね、柿も何かの形でわかるんだと思う。

――命《いのち》の交流《こうりゅう》があるんですね。

矢谷　うん、あると思う。柿の周《まわ》りの空間《くうかん》の密度《みつど》が違ってくるからね。それは三週間くらいたたないとわかってこない。黙《だま》って座《すわ》ってなきゃ、その密度《みつど》はわかってこない。山でもそう。それを一週間や二週間写生《しゃせい》をしてきてね、画室《がしつ》で描《えが》いたってだめだ。

――先生は例《たと》えば柿《かき》を描くときは、柿をここに置いて、それを三週間ぐらいじっと見ているんですか。

矢谷　いえ、描いてる。毎日描いてる。

――それで三週間ぐらいでだんだんわかってくるんですか。

矢谷　そう、わかってくる。今度は柿と本当に語《かた》れるようになる。柿の周《まわ》りの空間の密度《みつど》が見えてくる。自分の経験では、見えないまでは絶《ぜっ》対《たい》に絵は出来上《できあ》がらないです。

――しかし、描かれている柿だけは腐《くさ》らないというのは、不思議なものですね。やはり柿も見つめられることで反応《はんのう》するんでしょうか。

矢谷　ああ、するね、完全《かんぜん》に。あれは僕は他人《たにん》じゃないと思うね。見られてる柿も、こっちに呼応《こおう》してるんだと思います。だって、描かない柿がこうあるでしょ。

――あ、ほかにも柿を置いておくんですか。

矢谷　補欠《ほけつ》として置いておきます。そうするとね、そっちはみんな腐《くさ》ってなくなる。

――ほかのやつはやっぱり先にいってしまうんですか。

矢谷　いっちゃう。描いてるのだけが残るんですよ。これは冬瓜《とうがん》でもそうですよ。あそこに冬瓜《とうがん》の絵があるでしょう。あれ、描き終《お》わったときに、向こう側は崩壊《ほうかい》していた。

――見つめられているほうは腐《くさ》らないのに、向こう側は腐っていた?

矢谷　そうです。

――それもすごい話ですね。一所《いっしょ》懸命《けんめい》応《こた》えているんですね。それで描き終わったらぱたっといくんですか。

矢谷　そうそう。もし嘘《うそ》だと思ったらやってみるといいです。

　山なんかだってそうですもの。山描いてるでしょ。そうするとあの山はどうしてあんなにいいのかなあと思う。で、画室《がしつ》に戻《もど》って写生《しゃせい》を広げてみると、自分の写生《しゃせい》にはどうしてもその山の良さが出てないわけだ。形や色の追求《ついきゅう》じゃない。もう山そのものから打《う》ってくる何ものかがどうして出ないんだろうかって思う。出ないということは、経験上《けいけんじょう》、山が本当に自分にはわかっていないんだ。表面《ひょうめん》しかわかっていないんだということです。

　それからが本当の仕事になるんですよ。

――そうするとある意味で絵を描くのも真剣勝負《しんけんしょうぶ》ですね。

矢谷　もちろんそうですよ。だから僕が本制作《ほんせいさく》に入ったら、命を懸《か》けてるんだから、僕がものを言わないときには絶対《ぜったい》言うなと周《まわ》りの者にも言っています。

　本当の絵というのは、僕は*禅問答《ぜんもんどう》みたいなものだと思う。だから*以心《いしん》伝心《でんしん》で、わからない人にはわからないし、わかる人にはわかる。何日も座《すわ》ればわかるって言うものでもない。座り方もありますからね。

天を相手に一道《いちどう》を行く

――先生のこれからの目標《もくひょう》といいますか、夢はどういうものですか。
矢谷　特別《とくべつ》な夢はないね。ただ絵を描いていく。そして、こういう気持ちはありますよ。一点一点が遺書《いしょ》だと。
――今年は一月に新作展《しんさくてん》を銀座《ぎんざ》でなさいましたが、毎年なさっているんですか。
矢谷　いや、去年はやりませんでした。銀座が終わったらパリでやりましょうと言う人もいるんですけどね。
――先生が評価《ひょうか》される日本の絵描《えか》きさんはどんな人ですか。
矢谷　*村上華岳《むらかみかがく》ですね。それ以外の人は、僕は不満《ふまん》です。丘人《きゅうじん》先生なんか非常《ひじょう》に素質《そしつ》があったけど、あの人は彼女に真剣《しんけん》になったからだめだね。
――絵描きは彼女に真剣になったらだめですか。
矢谷　相手だね。女の人でも素晴《すば》らしい人だったらもっと良くなるかもしれない。だけど俗物《ぞくぶつ》だったらやっぱりだめでしょうね。安易《あんい》なところにいっちゃうからね。
――そういえば先生は五十歳で離《り》婚《こん》されたんですね。
矢谷　うん、した。いや、これはね、結婚《けっこん》するときに宣言《せんげん》したんですよ。僕の持論《じろん》ですが、独身《どくしん》でずっと

＊禅問答
もともとは「禅宗《ぜんしゅう》のお坊さんが行う問答」のことだが、「当事者以外には何のことだかわからない問答」の意味で使われる。

＊以心伝心
禅宗の言葉で、言葉で表せない教理《きょうり》を無言のうちに相手に伝えること。そこから「何も言わなくても相手に気持ちをわからせる」という意味で使う。

＊村上華岳
一八八八～一九三九。日本画家。京都絵画専門学校卒。新日本画の開拓に力を尽くす。内省《ないせい》的で求道《ぐどう》的な作風《さくふう》で、仏画《ぶつが》・山水《さんすい》画・裸婦《らふ》などを描く。代表作に「阿弥陀三尊《あみださんぞん》」「聖者《せいじゃ》の死」「冬ばれの山」など。

八十五まで生きたって、人の生活じゃないなと思った。二人でも三人でも子どもを持って、その子どもを育てて、それが経験になるんだと思ったんです。でも五十歳で離婚《りこん》をして、それ以後は絵一筋《ひとすじ》に生きたいと。

だから結婚するときに家内《かない》に宣言《せんげん》した。五十歳になったら一人にしてもらうからな、と。それが一年延《の》びて、五十一歳で別《わか》れた。

――話は戻りますが、村上華岳《むらかみかがく》さんとほかの人の絵は何が違いますか。

矢谷　全然《ぜんぜん》違いますよ。それは何が違うってね。言葉じゃちょっと言えないですけどね。村上華岳《むらかみかがく》という人は、天のリズムを追求《ついきゅう》してた。天を相手にしていた。ところが普通《ふつう》の画家は、相手が画家ですよ。

華岳《かがく》は天のリズムがわかるまで徹《てっ》底的《ていてき》にやってた。だからあの人の絵のリズムは全然違います。ただ、普通の人はそこまでいってないから理《り》解《かい》できない。

僕が戦後、研究会でそのことを言ったら、みんな笑《わら》ったんです。「あんな甘《あま》い作家が、ばか言え」って。でも僕は「甘く見えるのはあんた方が甘いからだ」って言いましたよ。そしたらだんだんに出てきて、いまでは華岳《かがく》が一番と言ったって笑う人はないでしょ。

華岳《かがく》は晩年《ばんねん》、山の襞《ひだ》を五センチ描くのに一週間山に座《すわ》ったそうです。それでないと本当のリズムが掴《つか》めないと言って。そういう画家なんかいないんですよ。そういうところに視《し》点《てん》を持っていく人はいない。だからあの人は生まれながらの天才だね。

丘人《きゅうじん》先生がよく言ってました。絵の才能《さいのう》にはＡ、Ｂ、Ｃとクラスがあって、Ｃの人間はＣのクラスだけしか審査《しんさ》はできない。Ｂの者は、ＢＣができると。でもＡは審査《しんさ》できない。Ａクラスは天才《てんさい》なんだと。だから自分が何クラスかよく覚《おぼ》えておきなさいと。

ところが誰でもが自分はわかると思ってるから、自分の目はＡクラスだと思ってる。

――人間はみんなうぬぼれがありますし、ＣクラスじゃなくてＡクラスだと思いたいですからね。しかし、天を相手に一道《いちどう》を行くというのは、なかなか厳しい孤独《こどく》な世界ですね。

矢谷　そうですよ。それでまた厳《きび》しくなかったら生きていく意味がないね。僕には意味がない。そういう世界だからこそ、本物が描《えが》けるんです。

（『致知』二〇〇二年三月号掲載）

●矢谷長治氏の言葉

南伊豆子浦《みなみいずこうら》の海が、十二月から二月いっぱい、季節風《きせつふう》で大荒《おおあ》れに荒れる。山は、一変して素裸《すっぱだか》になる。波しぶきで、山も、海も、真白くなる。雪が降ったように見える。その時、対岸《たいがん》の山小屋にこもり、必死《ひっし》で、その状態《じょうたい》を描く。風がやむと、中止。毎年同じ繰《く》り返し。完成まで七年かかってしまった。

＊

画家を志した時から、本当の仕事は、八十歳をすぎてからと、心に決《き》めています。一つの山にむかい、四季《しき》を通じて、六十年以上座《すわ》っています。座れば座るほど、大変だとしみじみ思います。理屈《りくつ》も観念《かんねん》も一切を捨て、無心《むしん》に、山にむかっているだけです。

＊

だいたい十一月十五日頃から柿がとれる。テーブルの上にたくさんの柿を並べる。一週間くらいたつと、水分がさがって柿の形がおちついてくる。その中の何個かを選《えら》んで描きはじめる。描《えが》きだしたら、その柿には指一本もふれない。ふれると、ふれたところから腐《くさ》ってくる。柿を描き続けていると、柿と実際に語《かた》れるようになるのは一ヶ月過《す》ぎてから……。つぶれるまで描き続ける。三月半ば頃、柿はつぶれてしまう。ただ不思議《ふしぎ》なことは、モデルにした柿だけが最後まで残る。毎年、何十年も描き続けるが、例外《れいがい》はない。

＊

絵は、目でとらえ目に見えるように表現《ひょうげん》しているので視覚芸術《しかくげいじゅつ》というが、見たものを一番深いところで受け止めるものは魂《たましい》である。そのために何日でも写生《しゃせい》をする。それでも分《わ》からない。その時点《じてん》では分かったつもりになるけれど、翌年同じものにぶつかると、去年分かったと思いこんだのはじつは分かっていなかったんだ、自分はまだ未熟《みじゅく》だということを思い知らされる。ほんとうは永久《えいきゅう》に分からないものかもしれない。分からないからこそ仕事を進める価値《かち》があるのかもしれない。だから、人間のレベルを相手《あいて》にしているうちはだめで、天を相手にしなければほんとうにいい仕事はできない。人間はあざむく事があるが、天は決してあざむく事はない。天と語る事である。

＊

人間は自分にわかるものが一番いいものだと思い込《こ》む。わからないものは良くないものだと思う。そのとき、自分がどの程度《ていど》の位置《いち》にいるかという自己反省《じこはんせい》はない。それだけ自己に甘《あま》いのである。

心耳を澄ます

◎現代人の伝記◎

向野幾世

言葉にならない言葉に耳を傾け
声にならない願いに心を澄まして

底抜《そこぬ》けに明るくて、涙もろく、
小柄《こがら》な体にパワーをみなぎらせて、
今日《きょう》も障害児《しょうがいじ》の心の声に、
体ごとぶつかる向野幾世《こうのいくよ》さん。
生徒の発《はっ》するすべてのサインを見逃《みのが》さず、
心の耳を澄《す》ますことこそ教育の原点《げんてん》であるという
向野さんに、教育一筋の人生をお話しいただいた。

《プロフィール／向野幾世》

こうの・いくよ　昭和11年香川県生まれ。奈良女子大学文学部卒業。国立教護事業職員養成所《こくりつきょうごじぎょうしょくいんようせいじょ》修了《しゅうりょう》。肢体不自由児施設《したいふじゆうじしせつ》指導員《しどういん》や奈良県立明日香養護学校教諭《あすかようごがっこうきょうゆ》、奈良県立障害児《しょうがいじ》教育センター所長、西《にし》の京《きょう》養護学校校長、奈良県立教育研究所障害児教育部長などを歴任《れきにん》。現在、奈良大学講師《こうし》。一貫して、障害児の教育の機会拡大《きかいかくだい》や、障害者と健常者《けんじょうしゃ》の共生を目指してボランティアの育成《いくせい》や啓発《けいはつ》・教育活動を展開《てんかい》。平成10年文部大臣《もんぶだいじん》より教育功労賞受賞《こうろうしょうじゅしょう》。主著《しゅちょ》に『お母さん、ぼくが生まれてごめんなさい』『いいんですか　車椅子の花嫁《はなよめ》でも』がある。

ごめんなさいね　おかあさん

ごめんなさいね　おかあさん
ごめんなさいね　おかあさん
ぼくが生まれて　ごめんなさい
ぼくを背負《せお》う　かあさんの
細いうなじに　ぼくはいう
ぼくさえ　生まれなかったら
かあさんの　しらがもなかったろうね

大きくなった　このぼくを
背負《せお》って歩く　悲しさも
「かたわな子だね」とふりかえる
つめたい視線《しせん》に　泣くことも
ぼくさえ　生まれなかったら

ありがとう　おかあさん
ありがとう　おかあさん
おかあさんが　いるかぎり
ぼくは生きていくのです
脳性《のうせい》マヒを　生きていく
やさしさこそが　大切で
悲しさこそが　美しい
そんな　人の生き方を
教えてくれた　おかあさん
おかあさん
あなたがそこに　いるかぎり

この詩は、いまから二十七年前、十五歳で亡《な》くなった山田康文くん——やっちゃんが作った詩です。重度《じゅうど》の脳性《のうせい》マヒで、全身が不自由、口も利《き》けないやっちゃんが、いのちのたけを託《たく》して作った詩です。

私が勤《つと》めていた奈良県立明日香養《ならけんりつあすかよう》護《ご》学校にやっちゃんが入学してきたのは昭和四十三年、彼が八歳の時でした。以来、担任《たんにん》として、学部主事《がくぶしゅじ》として、そして最後は言語訓練教師《げんごくんれんきょうし》として足《あし》かけ八年の付き合いでした。

この詩が生まれたのは、やっちゃんが亡《な》くなる、わずか二か月前のことでした。当時《とうじ》私は、養護《ようご》学校卒業後の障害者《しょうがいしゃ》たちが集《つど》える「たんぽぽの家」をつくろうと、障害児《しょうがいじ》のお母さん方とともに、「奈良たんぽぽの会」を結成《けっせい》していました。この運動もいまではＯＬや学生など若者《わかもの》たちの支《し》持《じ》を得て、全国で四千人の会員を擁《よう》する全国運動に盛《も》り上がっています。

その活動の一環《いっかん》として、養護《ようご》学校の生徒《せいと》の詩にフォーク好きの学生さんが曲をつけ、奈良文化会館《ならぶんかかいかん》の大ホールでコンサートをする企画《きかく》が持ち上がったのです。

障害《しょうがい》の程度《ていど》の軽い子は、自分で詩を書くことができます。文字が書けない子でも、手足《てあし》の指や口を使って電動《でんどう》タイプを打つことができます。しかし、やっちゃんのように重度《じゅうど》の子の場合は、先生である私が抱《だ》きしめて、全身《ぜんしん》で言葉を聞くのです。

私が言う言葉がやっちゃんの言いたい言葉だったら、やっちゃんはウインクでイエスのサインを出します。ノーのときは舌《した》を出す。脳性《のうせい》マヒの緊張《きんちょう》やアテノーゼ（不随意運動《ふずいいうんどう》）さえも、やっちゃんの発《は》する意思表示《いしひょうじ》です。そうやって時間をかけてやっちゃんの言葉の世界に近づいていく作業《さぎょう》が始まりました。

わたしの息子よ　ありがとう

言語訓練《げんごくんれん》をしていた私の手元《てもと》には、一人ひとりの子どものノートがありました。やっちゃんのノートには、どのページも「ありがとう」「おかあさん、ごめんね」という二つの言葉で埋《う》まっていました。

最初は『ごめんね　おかあさん』これを題《だい》にしようかと私が言うと、〝ノーノー、いやだ〟と舌《した》を出します。それじゃ、男らしく『ごめんよ　かあさん』これはどう？　と言うと、またノーのサイン。今度は上下を逆《ぎゃく》にして、『かあさん　ごめんよ』とやってみます。どうもピッタリこないんだなあ、というやっちゃんの顔。私の頭に浮《う》かぶ限《かぎ》りの言葉の組み合わせの中から、やっと、やっちゃんがウインクでイエスのサインを出したのは、『ごめんなさいね　おかあさん』でした。

こうやって何か月もかけてやっと前半《ぜんはん》部分ができた時、やっちゃんのお母さんに見てもらいました。読み終えてもお母さんは無言《むごん》でした。ただ目頭《めがしら》を押さえて、立ちつくしていました。「やっちゃんが、これを……」と、かすかに言われたように思います。そのせり上げる思いが私にも伝わってきました。『わたしの息子《むすこ》よ』と呼《よ》びかけたお母さんの詩が私の手《て》元《もと》に届《とど》いたのは、すぐ次の日のことです。今度は私が立ちつくしました。

わたしの息子《むすこ》よ　ゆるしてね
わたしのむすこよ　ゆるしてね
このかあさんを　ゆるしておくれ
お前が　脳性《のうせい》マヒと知ったとき
ああごめんなさいと　泣きました
いっぱいいっぱい　泣きました
いつまでたっても　歩けない
お前を背負《せお》って歩くとき
肩《かた》にくいこむ重さより
「歩きたかろうね」と　母心《ははごころ》
〝重くはない〟と聞いている
あなたの心が　せつなくて

わたしの息子よ　ありがとう
ありがとう　息子よ
あなたのすがたを見守って
お母さんは　生きていく
悲しいまでの　がんばりと
人をいたわるほほえみの
その笑顔《えがお》で　生きている
脳性マヒの　わが息子
そこに　あなたがいるかぎり

このお母さんの心を受け止めるようにしてやっちゃんは、後半《こうはん》の詩づくりにまた挑《いど》んだのです。やっちゃんが言う「ごめんなさいね」は、母へのいたわりと思いやりがあふれていました。

誰にあやまる必要のない〝いのちの誕生《たんじょう》〟のはずですが、過酷《かこく》すぎる十五年間の暮《く》らしの中で、少しずつ重く、重くなり、ついに、「ぼくが生まれてごめんなさい」と言わずにはいられなかったのでしょうか。それだからこそ、いっそう母子《ははこ》は、ともにいたわり合って生《せい》の意義《いぎ》を確かめたのです。

　やっちゃんの詩には、メロディーはつきませんでした。

「だめです。僕《ぼく》たちは、やっちゃんの詩にメロディーをようつけることができないのです。なんべんもギターにのせてみましたけれど、歌になる前に、胸《むね》がつまって、歌えないんです」

　フォークの若者はこう言いました。

結局《けっきょく》、朗読《ろうどく》という形で発表《はっぴょう》されたのですが、車椅子《くるまいす》のやっちゃんも、お母さんと二人で舞台《ぶたい》に立ちました。詩の朗読《ろうどく》は私がしました。コンサートは「第一回わたぼうしコンサート」として、大成功をおさめました。

　このわずか二か月後、昭和《しょうわ》五十年六月十一日に、やっちゃんは風邪《かぜ》をこじらせて休んでいるうち、何かのはずみで枕《まくら》で鼻《はな》と口をふさぎ、亡くなりました。六月二日に誕生日《たんじょうび》を迎《むか》えたばかりの、十五年の短い一生でした。

子どもの心の声を聞くことが教育の原点《げんてん》

　やっちゃんと過《す》ごした八年間、口の利《き》けないやっちゃんと、どれだけたくさんのことを話し合ってきたことでしょうか。やっちゃんの言いたいことなら、まじめな話も冗談《じょうだん》も、私にはなんでもわかりました。

　出会った最初《さいしょ》の頃《ころ》から、私にはわかっていたのです。人は言葉にならない言葉を持っている。声にならない願《ねが》いを持っている。その言葉や願《ねが》いを聞くには、耳で聞いてはいけない、心で、体ごとで聞くんだ、と。

　というのも、私には、大学卒業《そつぎょう》後に一年間勤《つと》めた＊教護院《きょうごいん》で、非行児《ひこうじ》二十人の世話《せわ》をする寮母《りょうぼ》を務《つと》めた経験《けいけん》がありました。十歳から十八歳の男の子ばかりの札付《ふだつ》きのワルたち。その子たちは、毎日毎日全員《ぜんいん》そろってズボンやシーツをわざと汚《よご》しました。一所懸命《いっしょけんめい》に洗濯《せんたく》をする私を尻目《しりめ》に、また翌日《よくじつ》も汚《よご》します。どうしてこんなことをするんだろう。二十人を廊《ろう》下《か》に並《なら》べて、「なんでこんなことをするの？」と端《はし》から詰問《きつもん》し、最後に二十二歳の若い私にできることは、泣くことだけでした。

　そんなとき、私に恋人《こいびと》ができました。この世の中で、たった一人自分のことを知っていてくれる人がいる。私の心が愛《あい》で満《み》たされた時、それまで見えなかった子どもの心が見えるようになりました。子どもたちの中で、ボスがどの子か見えるようになったのです。ボスと話し合うことで、

＊教護院　児童養護施設のひとつ。不良行為をするなどした児童を収容して更生をはかり、社会復帰させることを目的としている。

いたずらはピタッと止まりました。

彼らは愛が欲《ほ》しかったのです。叱《しか》られるという愛さえ求《もと》めていたのです。それが愛のない私には見えなかった。いまでもボスだった子が言います。

「母さんだけだった。母さんだけが僕らのために泣いたり笑ったりしてくれた」と。

その時に私は、教育の原点《げんてん》をつかんだと思います。やっていることとは違《ちが》う、子どもたちの心の声を聞いたのです。

その後、私は肢体不自由児《したいふじゆうじ》の施設《しせつ》の*ケースワーカーになりました。一《いっ》緒《しょ》に就職《しゅうしょく》した人は十人くらいいたでしょうか。園長《えんちょう》先生が寮舎《りょうしゃ》の中を案《あん》内《ない》してくれた時、ほかの人たちは障《しょう》害児《がいじ》の姿《すがた》に初めて接《せっ》して、腰《こし》が引けました。

口の利《き》けない子どもたちが、「ウーッ、ウーッ」とうなるのを見て、尻《しり》込《ご》みしたのです。

でも私は、「あ、水？　水なの？」と、子どもが何を言おうとしているのか、気持ちの方が先に伝《つた》わってきました。

なぜなら、私の父も重度脳性《じゅうどのうせい》マヒの障害《しょうがい》を持っていましたから、ずっと父の姿を通《とお》して、言葉にならない言葉を聞いて育ったからです。

父からもらった大きな財産《ざいさん》

本音《ほんね》を言えば、私は父のことをずっと恨《うら》んでいました。大学も、貧《まず》しいが故《ゆえ》に学費《がくひ》もなく、アルバイトに継《つ》ぐアルバイトで、ろくに勉強もできませんでした。

父さんが障害者《しょうがいしゃ》だからこんなことになるんだと、父を恨《うら》んでいたのです。

ただ、「障害者《しょうがいしゃ》の父」と思ったことはありません。体の醜《みにく》さとは全然別個《べっこ》に、父さんは父さん、一人の人間として見えていました。

私が、初めて体の不自由な子と取り組んだ日、外見《がいけん》の不自由さに目を奪《うば》われることなく、まっすぐにその子の心に飛《と》び込《こ》んでいくことができたのは、父の存在《そんざい》から教わったものだと、いま思います。

働《はたら》きに出ることができない父は、いつも家で留守番《るすばん》をしていました。人が来ると、歩けない父は大急ぎで這《は》って玄関《げんかん》に行きます。襖《ふすま》を開《あ》けると、ちょうどイノシシが竹藪《たけやぶ》から出たかのように「ハア、ハア、ハア」とものすごい形相《ぎょうそう》です。お客さんはびっくりして、「しっしっ、そばに寄《よ》るな、あっちへ行け」と、えらい勢《いきお》いで追《お》い払《はら》いました。

何度もそんな情景《じょうけい》を見た私は、一度父に言ったことがあるのです。「父さん、悔《くや》しくないの？　あんなこと言われて」と。

「ちっとも悔《くや》しくない。誰《だれ》だって私を見たら『しっしっ、あっちへ行け』って言うやろ。私ももし逆の立

＊ケースワーカー　患者個々の状態に応じて、心理的・肉体的・社会的側面から適切な治療を行う人。

場なら言うかもしれない。

でも父さんはこの体を生きるおかげで、わかることがある。玄関《げんかん》に訪ねてきた人は、どんな立派《りっぱ》な服を着ていようと、名刺《めいし》を出そうと、心の値《ね》打ちの低い人があるし、名刺《めいし》も何もなくても、洋服がどうであれ、心の値《ね》打ちの高い人がある。そういう人に、父さん生きている間中《あいだじゅう》、出会って死んでいけるから、ちっとも悔《くや》しくない。幾世《いくよ》も大きくなったら、心の値《ね》打ちの高い人に会っていきなさい」

そう言われました。

その時は、何を言っているんだと思いました。貧《まず》しさにばかり心を奪《うば》われて、父の言うことがわからなかったのです。でも、心には留《と》めていました。

いま思えば、ああ、あれが、父がくれた財産《ざいさん》だと思います。何もしてもらえなかったと父を恨《うら》んでいましたが、そうではなかった。大きな大きな財産を、私は父からもらっていたのです。

養護《ようご》教育の要諦《ようてい》は　四者悟入《ししゃごにゅう》

肢体不自由児《したいふじゆうじ》の施設《しせつ》は病院兼《けん》施設でしたから、盆《ぼん》も正月もありませんでした。子どもができた私は、それでは勤《つと》まりませんでしたので、学校をつくる運動をして明日香養護《あすかようご》学校をつくり、赴任《ふにん》しました。そこで初めて担任《たんにん》として受け持ったのが、やっちゃんをはじめとする八人の子どもたちでした。

いまでは生徒一人に先生一人というくらいに、福祉《ふくし》の環境《かんきょう》も変わってきていますが、当時《とうじ》は一人で八人を担当しました。中に一人動く子がいて、自分の腰《こし》とその子の腰《こし》を、ゴムでくくって授業《じゅぎょう》をしました。その子が好き勝手《かって》に動き回ると、ほかの子に教えている私も引っ張られて動きます。「えい、やーっ」と思い、引っ張り返して、手足を踏《ふ》ん張っての授業です。本当に、文字通《もじどお》りの全身教《ぜんしんきょう》育《いく》でした。

現在、大学で教育研修《けんしゅう》をする時に、四者悟入《ししゃ*ごにゅう》という話をします。

養護《ようご》学校の教師になったら、障害《しょうがい》のことを学ばなければいけない。これは学者《がくしゃ》です。

そして「おはよう」と手を握《にぎ》ったとたんに、「あ、熱っぽいな」とか、子どもの健康状態《けんこうじょうたい》がわからなければいけない。これが医者《いしゃ》。

子どもの態度《たいど》から、二十四時間のうち、学校の八時間以外の、教師には見えない十六時間を推察《すいさつ》する必要もある。これは易者《えきしゃ》です。

見えない十六時間に向《む》かって、八時間を有効《ゆうこう》に動かして、「うまくいきや」と、祈《いの》る思いで送り出す。これをさりげなくやるのが役者《やくしゃ》。

つまり、学者、医者、易者、役者の四者があって初《はじ》めて悟入《ごにゅう》できる。

＊悟入　悟《さと》りの境地《きょうち》に達すること。

そういう気持ちで子どもに関わらなければいけないと学生に話します。子どもたちが、言葉にならない言葉を、違《ちが》う方法で言うということは、二十二歳の時に教護院《きょうごいん》で*洗礼《せんれい》を受け、私の心に深くしみこんでいるのです。

情《じょう》でくるんでくれた母

外に働《はたら》きに出て、たくさんの子どもたちのお母さん役を仕事にしましたが、我《わ》が子も二人育てました。保育所《ほいくしょ》に預《あず》けに行くと、「おかあちゃーん！」と言ってよく泣かれました。耳をふさいで、振り切って職場《しょくば》に向かうのですが、「ああ、私が勤《つと》めることで、あの子をだめにするかもしれない……」そうも考えました。しかしあの子に保育所に行ってもらわなければ、我《わ》が家《や》の経済《けいざい》は成《な》り立《た》っていかない。

それに私は、昔《むかし》から自分も働くということを条件《じょうけん》に結婚《けっこん》したのです。これは、おそらく母の影響ではないかと思います。

父は香川《かがわ》県の裕福《ゆうふく》な家に生まれました。母も大きな農家《のうか》の長女で、家と家のつながりで決まった縁談《えんだん》でした。結婚《けっこん》するまで、母は父の障害《しょうがい》について知らされていなかったのです。

仕事を持つことができなかった父なので、親譲《おやゆず》りの財産が頼《たの》みの綱《つな》でした。しかし戦争《せんそう》は、そのすべてを取り上げました。四人の子と妻《つま》と、家屋敷《いえやしき》が残っただけでした。ですから、母が働いて家族を食べさせなければなりませんでした。

生活は大変《たいへん》でした。私たち子どもは、母が疲《つか》れて帰ってくるのを知っていましたから、私が五つぐらいの時から、三つ違《ちが》いの兄と二人で、お風呂《ふろ》を焚《た》いて母の帰りを待っていました。でも小さな子どものすることです。紙芝居《かみしばい》の*拍子木《ひょうしぎ》の音を気にしながら適当《てきとう》に水を入れていますから、水が少なくて火傷《やけど》をするほど熱かった時もあったでしょうし、逆にぬるくて入れなかった時もあったと思います。

それにもかかわらず母は、一度も文句《もんく》を言ったことはありませんでした。お風呂《ふろ》から出てきて、いま思えば泣いていたのかなと思いますが、手ぬぐいで顔をぬぐいながら、「ああ、いいお風呂《ふろ》やった……。いいお風呂やったな。ありがとな」「助かるわ」としか言いません。私たち兄弟《きょうだい》は、そういう言葉に包《つつ》まれて育ったのです。

母は、出来映《できば》えとか成果《せいか》ではなく、やろうとする子どもの心を見てくれて、情《じょう》でくるんでくれたのです。ですから私たち兄弟《きょうだい》は、「もっとお母ちゃんが喜ぶようにやろう」と、意欲《いよく》が育《そだ》っていったのです。意欲があれば、子どもは言われなくても勉強もするものです。

そうやって働《はたら》く母を見て育ちましたから、私も結婚《けっこん》しても働き続ける

*洗礼
「キリスト教の信者となるための儀式」のことだが、ここでは、人間として成長するために受けてきた経験のこと。

*拍子木
四角い柱状の二本の木を打ち合わせて音を出す。芝居の開始・終了の合図や夜回りのときなどに使われる。

道を選んだのです。

息子《むすこ》が大きくなってから、「ぼく、将来《しょうらい》働く人をお嫁《よめ》さんにもらう」と言ってくれた時には、胸《むね》があふれそうな気持ちになりました。ああ、子どもをだめにしてなかった、報《むく》われたと思いました。

やさしさこそが大切で 悲しさこそが美しい

父はいまから二十四年前、七十六歳で亡《な》くなりました。亡くなった父の枕辺《まくらべ》で、母がポロッと言いました。

「幸せやった」

「父さんは『ありがとう』と『すまんのう』の二つだけ言って、あとは一日中書き物をしていて、全然文《もん》句《く》を言わない。学者の家に嫁《よめ》に来たようで、母さんは幸せやった」と。

私は深くわかりかけてきました。ただただ合掌《がっしょう》し続けて生きた父の手は、人は生かされてのみ生きているのだという人間観を、私に教えてくれていたのです。身近《みぢか》な人に、遠くの人に、自然に、物に、「ありがとう」と合掌《がっしょう》する心を、父は教えてくれました。

七十六歳の日々を生きて、「人はうすあかりの*冥道《めいどう》を生きている。人は*迷界《めいかい》より離《はな》れることなし」と父はよく私に言い聞かせました。うすあかりのほんの目先《めさき》の光をたよりにおまえは歩いているのだよ。それですべてが見えてるように思っているが、結局人は迷界《めいかい》をただようばかり、という父の言葉の厳《きび》しさが私は好きでした。

人としての誇《ほこ》りはもちろん、父として、男としての誇《ほこ》りも力も働きも、すべて一切合切《いっさいがっさい》失われた中で生きねばならなかった父。

父はそれだからこそ、人の心のありようの深奥《しんおう》にたどり着《つ》いたのでしょう。迷界《めいかい》にある人の弱さや、醜《みにく》さや、いたらなさのすべてを知って、許しをこうていたのでしょう。

どんな時にも、ただ黙々《もくもく》と合掌《がっしょう》するしか許《ゆる》されない父でした。

父が亡《な》くなった朝、私はなぜか、逝《い》ってしまったやっちゃんのことをしきりに思いました。そうだったのです。やっちゃんとの日々は、父とともにあった日々なのでした。

身近に生きたやっちゃんの、すがすがしかった生き方は、思ってみれば、父の生き方なのでした。やっちゃんの中に、幼《おさな》い父の姿を見、父の中にやっちゃんの成人《せいじん》した姿を見つめていたのです。

実に明るく、くったくなく生きた父とやっちゃん。障害《しょうがい》なんかあるのかと思わせるような二人でした。適《てき》当《とう》に意地悪《いじわる》で、うそつきで、やさしくて、ひょうきんな人たちでした。透明《とうめい》な秋空《あきぞら》のような明るさがそこにありました。あんまり美《うつく》しすぎる生き方は、かえって悲《かな》しいのでした。

やっちゃんのことをもう、重度《じゅうど》な

*冥道　あの世へと通じる道。

*迷界　迷いの世界。現世。

脳性マヒ児と言いたくはありません。父のことを重度な脳性《のうせい》マヒ者とは思っていません。ただ本当に人生を、人として生きた人たちだと言いたいだけです。

やさしさこそが　大切で
悲しさこそが　美しい
そんな　人の生き方を

教えてくれた人たちでした。

註・詩の中に不適切《ふてきせつ》ととられかねない用語がありますが、障害児《しょうがいじ》本人の作品であるため、原文《げんぶん》を尊重《そんちょう》しました。

（『致知』二〇〇二年九月号掲載）

◎現代人の伝記◎

山下　泰裕

一流への道は無窮

シドニーオリンピックで学んだもの

二十世紀最後の夏季五輪《かきごりん》、シドニー大会。
日本の柔道《じゅうどう》は強かった。
田村亮子《たむらりょうこ》の悲願達成《ひがんたっせい》に勢《いきお》いを得て、
野村忠宏《のむらただひろ》が、滝本誠《たきもとまこと》が、井上康生《いのうえこうせい》が「金」を重ねた。
全日本柔道男子監督として
常勝《じょうしょう》男子柔道陣《じゅうどうじん》を陣頭指揮《じんとうしき》された山下泰裕《やましたやすひろ》氏と
作家《さっか》の神渡良平《かみわたりりょうへい》氏に
シドニー大会を振り返っていただき、
選手の秘話《ひわ》、人間の無限《むげん》の可能性《かのうせい》について
語り合っていただいた。

《プロフィール／**山下泰裕**》

やました・やすひろ　昭和32年熊本県生まれ。55年東海大学《とうかいだいがく》大学院修士課程修了《しゅうしかていしゅうりょう》、同大学体育学部専任講師《せんにんこうし》となる。61年助教授を経て、平成8年より現職《げんしょく》。平成4年全日本柔道ナショナルチーム・ヘッドコーチに就任《しゅうにん》し、シドニーオリンピックを花道に勇退。柔道7段。ロス五輪柔道無差別級《むさべつきゅう》金メダリスト。公式戦２０３連勝。国民栄誉賞《こくみんえいよしょう》をはじめ、数々の賞を受賞《じゅしょう》。

《聞き手プロフィール》

神渡良平　かみわたり・りょうへい

昭和23年鹿児島県生まれ。九州大学医学部中退。欧米遍歴《おうべいへんれき》の末《すえ》、さまざまな職業を経《へ》て作家に。38歳のとき脳梗塞《のうこうそく》で倒れ、闘病《とうびょう》生活を余儀《よぎ》なくされ、人生はたった一回しかないことを痛《つう》感《かん》させられた。著書は『下坐《げざ》に生きる』『宇宙の響き——中村天風《なかむらてんぷう》の世界』『地湧《ぢゆう》の菩薩《ぼさつ》たち』『中村天風の言葉』『天命に生きる』『佐藤一斎《さとういっさい》「言志四録《げんししろく》」を読む』（以上、致知出版社刊）、『春風を斬《き》る・小説山岡鉄舟《やまおかてっしゅう》』など。

レベルが出会いを決める

神渡　山下さんとは電話では何度《なんど》か話をしていましたが、お会いするのはきょうが初めてです。私の父親は若いころに柔道《じゅうどう》をやっていましたので、きょう山下さんにお会いするといったら、もう大喜《おおよろこ》びで……(笑)。

山下　いや、私は以前から神渡《かみわたり》先生の著書《ちょしょ》のファンでして、今度出版《しゅっぱん》された『春風を斬《き》る』も目頭《めがしら》を熱くしながら読ませていただきました。『下坐《げざ》に生きる』も指導《しどう》している学生たちや柔道の指導者に読むようにすすめておりまして、五十冊ぐらいは購入《こうにゅう》しているのではないでしょうか。

　先生の本を読むと、自分が恥《は》ずかしくなったり、表現《ひょうげん》が悪くて申《もう》し訳《わけ》ないんですが、俺《おれ》なんかはまだ鼻《はな》くそだな、俺の人生はまだまだだなと思います。

　それから『致知《ちち》』は十数年前に、営業《えいぎょう》の方がみえられて、その縁《えん》で購読したんですが、そのころはまだそれを読むに値《あたい》するというか、それに相応《ふさわ》しいレベルに達《たっ》していなかったんですね。来た本をどんどん積《つ》んでおくだけで一年間たった。そうこうしているうちに全然来なくなって、ああ、契約《けいやく》が終わったのかな、と。

　結局、二回目に出会ったのが、六、七年前です。そのときに読んだら、内容にものすごくひかれたんですね。

　そこで一つ学んだのはどんないいものであっても、その人がそのレベルというか、そういう状態《じょうたい》にならないと、出会わないということですね。

神渡　機《き》が熟《じゅく》さないとね。

山下　だから、私が『春風を斬《き》る』を読んでものすごく感動《かんどう》して、いい本だよと他の人にすすめても、その人は十分の一も百分の一も得《え》るものがないかもしれない。だから、どんないい本でも、自分自身《じぶんじしん》のレベルがある程度《ていど》高まっていかないといかんのかなあという気がします。

神渡　その通りですね。

自分の夢に挑戦《ちょうせん》できる権利《けんり》

神渡　こうして山下さんと話をしていますと、シドニーの感動がよみがえってきます。今回のオリンピックは随分《ずいぶん》と成果《せいか》が出ましたね。

山下　選手はよく頑張《がんば》ったと思います。

神渡　男子柔道《じゅうどう》の監督《かんとく》としてずっと選手たちを育成《いくせい》してこられながら、一番強調《きょうちょう》しておられたことは何ですか。

山下　男子の監督《かんとく》として、まず選手に対していつもいっていたのは、やり残《のこ》しがないようにしろ、ということです。終わった後に、こうしておけばよかった、もっと頑張《がんば》ればよかった、と思うのではなく、やるべきことをやり尽《つ》くして、やり残すことなく試合に臨《のぞ》もう、と。これが私が一番いったことというか、四月にシドニーオリンピックへの代表が決まった後の合言葉《あいことば》でした。

神渡　なるほど。完全燃焼《かんぜんねんしょう》することを合言葉《あいことば》にされたのですね。

山下　いろいろ期待《きたい》されて、選手によっては何かものすごい重い荷物《にもつ》を背負《せお》わされたり、断崖絶壁《だんがいぜっぺき》に立たされたり、そういうふうに思う選手もなかにはいるらしいけど、私にいわせれば、そういうのはとんでもないよ、と。そう思うくらいなら、わずかな差《さ》で代表になれなかった選手に代わってやれ、と。代表に選ばれなかった選手が落《お》ち込《こ》むのならわかるが、自分の力で代表権《だいひょうけん》を勝ち取って、自分の夢に挑戦《ちょうせん》できる権利《けんり》を勝ち取った人間なんだから、おまえら自身がいきいきと輝《かがや》かなかったらおかしいじゃないか、とよく選手にいったものです。

　実《じつ》をいえば、私自身がロサンゼルスのオリンピックに初めて出場《しゅつじょう》したとき、日《ひ》の丸《まる》とか日本柔道とか、そういうプレッシャーは感じなかったんです。

神渡　ほう。それはどうして。

山下　それまでは、俺が負けて「山下敗《やぶ》れる」と書かれるのならまだいいけれど「日本柔道敗れる」と書かれたらたまらんな、柔道は七階級《かいきゅう》も八階級《かいきゅう》もあって俺一人が負けただけで「日本柔道負ける」では俺はたまらん、と思った時期《じき》もありましたけどね。ロスのオリンピックではそう思わなかった。

　実はロスのオリンピックは、それまでで一番緊張《きんちょう》した大会でした。でも、それは全然緊張の意味が違うんです。自分の夢を実現《じつげん》したい。自分のやってきたことは正しかったんだ。それを実証《じっしょう》したい。そういう意味の緊張でした。

神渡　体力的にいえば、日米英など自由主義諸国《じゆうしゅぎしょこく》がボイコットした一九八〇年の＊幻《まぼろし》のモスクワオリンピックのときが一番ピークだったんですよね。

山下　ピークというか、一番いきがよかったですね。勢《いきお》いがありました。

神渡　そういう意味では四年後のロスのときは、少し下《くだ》り坂《ざか》というか……。

山下　体力的にはですね。

神渡　その意味では山下さんにとって最後のオリンピックだったわけですね。

山下　はい。ですから、あくまでも自分のために戦《たたか》う。そういうふうに思えた自分がぼくは素晴《すば》らしいと思うんです。やはり一所懸命《いっしょけんめい》やっているのは、自分のためなんですね。だから、自分のために頑張《がんば》るというのは、ものすごく自然だと思うんですよ。

　それからもう一ついいますとね。その置かれた状況《じょうきょう》というのは冷静《れいせい》に判断《はんだん》すると、自分の理想《りそう》とする姿《すがた》なんですよ。ですから、それを周《まわ》りが

＊幻のモスクワオリンピック
　一九八〇年にソ連の首都モスクワで開かれたオリンピックは、ソ連のアフガニスタン侵攻《しんこう》に抗議《こうぎ》する西側諸国から多くのボイコット国を出した。日本も参加を取り止めた。

違ってとらえるのがおかしいんじゃないか、と。
　前回《ぜんかい》のアトランタオリンピックで初めて監督《かんとく》を引き受けたとき、記者《きしゃ》さんがみんな「大変《たいへん》ですね」という。そんなとき私は、「何がですか」ってとぼけるんです。監督として責任重大《せきにんじゅうだい》で、プレッシャーが大変だろうと心配《しんぱい》してくれているのでしょうけど、大変だ大変だと思うぐらいだったら辞《や》めたほうがいいと思うんですね。こういう大舞台《だいぶたい》の監督を任《まか》され、おまえ頼《たの》むぞといわれる。これに対し、感謝《かんしゃ》の気持ち、ありがたいという気持ち、よしやろうという気持ちがなかったら、辞《や》めたらいいんです。
　だから、私はアトランタのときにいいました。一番寂《さび》しいのは、一所《いっしょ》懸命頑張《けんめいがんば》っているのに、周《まわ》りがまったく評価《ひょうか》してくれなかったり、まったく期待《きたい》してくれないことです。それに比《くら》べれば、期待されすぎても、みんなが注目《ちゅうもく》して頑張《がんば》れよと期待してくれる。ありがたいです、と。
　日本には柔道の指導者《しどうしゃ》はたくさんいます。山下は選手としては確《たし》かに超一流《ちょういちりゅう》だ。しかし、指導者としては俺《おれ》のほうが上だと思っている人もたくさんいるはずです。そういうなかで「おい山下、おまえに任《まか》せる」と四年間全権《ぜんけん》を任されて、これをありがたいと意気《いき》に感じなかったらどうしますか。

神渡　男冥利《おとこみょうり》に尽《つ》きますね。それに発想《はっそう》がまったく逆《ぎゃく》ですね。プレッシャーと感じるのではなく、最高《さいこう》の*檜舞台《ひのきぶたい》が用意されたのだと感じる！

山下　ましてこの地（アメリカ）は十二年前に自分が選手として初めてオリンピックに出て、右足を負傷《ふしょう》しながらも金メダルを勝ち取ったところです。十二年後に指導者として日本チームを率《ひき》いて来られる。こんな喜びがありますか。後《あと》は選手を信《しん》じて、自分を信じて、やってきたことを信じて思い切りいくだけですよ、とアトランタのときは記者さんに正直に心境《しんきょう》を話したんです。ところが、それを聞いた記者さんたちは、ああ、そういうふうに一所懸命思《いっしょけんめいおも》い込《こ》もうとしているんだ、と(笑)。

神渡　われわれ凡人《ぼんじん》は、そういうふうにとらえてしまいますよ(笑)。

いかに自分の力を出し切るか

山下　こういう点が、ぼくは普通《ふつう》の人と違《ちが》うといわれるところなんですが、今回のオリンピックでも、選手によくいったのは、「大事なのは勝ち負けじゃない。おまえがこれまで四年間ずっとやってきたことを全部出し切ることだ。最後の最後まで自分を信じて戦《たたか》うことなんだ」と。試合中に集中《しゅうちゅう》すべきことは、いかに自分の力を出し切るか、自分の柔道《じゅうどう》をするか、それだけなんだよ。それ以外のことは考える必要《ひつよう》はない、と。

＊檜舞台　「ヒノキの板を張って作った舞台」のことだが、そこから転じて「自分の実力を示すための晴れの舞台」の意味で使われる。

その力を出し切った結果として、自分の夢が実現《じつげん》し、それが周《まわ》りの人の期待に応《こた》えたり、多くの人に夢や感動を与《あた》えることになるんです。

神渡　監督《かんとく》からそういう話があったから、オリンピックに臨《のぞ》むまでに、みんなプレッシャーから解放《かいほう》されていったのでしょうね。

山下　みんなやるぞ、自分のすべてを賭《か》けて戦《たたか》うぞ、という気持ちを持ってくれたと思っています。ただ試合でいえば、やはり最初のころの篠原信一《しのはらしんいち》はかたかった。

神渡　八八年のソウルで斉藤仁《さいとうじん》選手が勝ったのを最後《さいご》に、日本男子柔道は重量級《じゅうりょうきゅう》での金メダルが途絶《とだ》えていました。多くの国民は、今度こそ重量級《じゅうりょうきゅう》で金メダルを、と期待していたので、それがプレッシャーになっていたんでしょうか。

山下　確かに篠原《しのはら》は負けられない、勝ちたいという気持ちが強かったと思います。しかし、他の選手に関《かん》しては受け身にならず、みなポジティブだったような気がします。

神渡　そうですか。それは何より心強かったですね。

山下　しかし、これは不思議《ふしぎ》なことなのですが、自分でも非常《ひじょう》に矛盾《むじゅん》に感じる部分をこの二、三年持っているんですね。

　というのは、かつての日本の柔道というのは、マナーが悪かったんです。負けると、みんな帰ろうといって、帰ってしまう。ぼくは日本選手が少しでも真《しん》の柔道家《じゅうどうか》に、真《しん》のリーダーに近づいてほしいと思っていますから、負けても、やせ我慢《がまん》でも、最後まで残って表彰式《ひょうしょうしき》を見届《みとど》けて、入賞《にゅうしょう》した選手に拍手《はくしゅ》を送って帰ろうじゃないか。悔《くや》しい、無念《むねん》の気持ちはある。でもそれをまた次のエネルギーにしていこう。負けても、最後まで残って勝者《しょうしゃ》に対してエールを送れるのは真の強者《きょうしゃ》じゃないか、と。監督《かんとく》がそういうものですから、私より下の者はみんな残るわけです。

神渡　それでこそ真のスポーツマンシップというものです。

山下　そういうことを続けてきましたから、ここ二、三年のことですが、ロシアが勝とうが、フランスが勝とうが、どこの国が勝っても、勝った監督に、いやあ、よかったなあ、素晴《すば》らしい試合だった、と心から祝《しゅく》福《ふく》できるようになり、いつの間《ま》にか試合会場《かいじょう》に敵《てき》がいなくなったんです。

　それで何を相手に戦《たたか》っているんだろうと思ったとき、そうか、相手を蹴落《けお》として上に立つ戦いではなくて、それまで自分が培《つちか》ってきたことを発表する、自分の力を出しきる舞台《ぶたい》なんだ、と思えるようになったんです。

　そのとき、ああ、やっぱりもう勝《しょう》負師《ぶし》としてはシドニーがちょうどいい引《ひ》き際《ぎわ》だな、と。選手時代《せんしゅじだい》を含《ふく》めてアトランタまでは、相手を引きずり落としてでも自分が上に立とうと思っていた。何が何でも一番だ、ルールのある喧嘩《けんか》だ、やるかやられるかだ、殺《ころ》すつもりでいかないといかん、と思っていた。試合のとき相手に向かっていく私の目は殺人鬼《さつじんき》の目をしているといわれて、そのぐらいやって当たり前だと思っていた。でも、いまは違うんです。

大きな心境《しんきょう》の変化

神渡　大きな心境《しんきょう》の変化があったのですね。それは私たちに大きな示《し》唆《さ》を与えてくれます。

山下　そういう自分に気づいたとき、俺はこのまま全日本の監督をしていていいのかな、と。

神渡　アトランタオリンピックまでは闘魂《とうこん》の塊《かたまり》というか、何が何でも勝つという感じだったんですね？

山下　はい。もちろん、何かのきっかけで急にそんな心境《しんきょう》になったわけではありません。少しずつ少しずつ、自分自身の考え方が変わってきたように思います。

神渡　なるほどね、*山岡鉄舟《やまおかてっしゅう》がそうでしたね。彼が*神田《かんだ》お玉ヶ池《たまがいけ》の千《ち》葉道場《ばどうじょう》で剣道《けんどう》の修行《しゅぎょう》をしていたころは、「鬼鉄《おにてつ》」といわれたぐらいに闘魂《とうこん》の塊《かたまり》で、怖くてそばにも近寄《ちかよ》れないという感じでした。みんなの剣道がササラ踊《おど》りのように見えて仕方《しかた》がなく、剣道というものはこういうものだ、見ておけとばかり、木剣《もくけん》で*羽目《はめ》板《いた》を突き破ったというエピソードがあるぐらいでした。

　そんな彼が四十五歳のとき、大きな悟《さと》りを得て自分の流派《りゅうは》を開き、「無《む》刀流《とうりゅう》」という名前をつけたんです。刀《かたな》を持って戦うのに、刀《かたな》を持たない「無刀流《むとうりゅう》」と名づけたわけですが、いま山下さんがおっしゃったところと何か通ずるようなところがありますね。

山下　鉄舟《てっしゅう》と比べれば、私は月とスッポンですけれど、自分の中ではものすごく大きな心境の変化がありました。

　去年の世界選手権も今年のシドニーオリンピックも両方とも頑張って、勝てば勝つほど他の国のコーチが結果《けっか》を出せなくてガクッとしているのがものすごく気になるんです。普通《ふつう》なら勝てば勝つほど、ほうれ見たか、日本の柔道《じゅうどう》はすごいだろう、ということになるんでしょうが、そういう外国の仲間《なかま》が落ち込んでいる姿を見ていると、何かこう胸を張れないというか、変な話ですが申し訳《もうわけ》ないような気持ちになるんです。

　だから、日本のコーチにも、いいか、ちょっとでも自惚《うぬぼ》れたら、ストンと落ちるぞ、と。できるだけ謙虚《けんきょ》に控《ひか》えめに行動しろといっているんです。

　もっというと、自分が勝ってだれかが悲しむような勝負はこれからはあまりしたくない。自分が勝つことが周《まわ》りの人にとってもプラスになる

＊山岡鉄舟
一八三六～八八。幕末・明治の政治家。無刀《とう》流の剣客《けんきゃく》。幕府の倒《とう》壊《かい》の際、徳川慶喜《とくがわよしのぶ》の命を受け西郷隆盛《さいごうたかもり》と直談《じかだん》判《ぱん》し、西郷と勝海舟《かつかいしゅう》の会談を実現させて江戸城無血開城《むけつかいじょう》の道を開いた。

＊神田お玉ヶ池の千葉道場
幕末の剣客、北辰一《ほくしんいっ》刀流《とうりゅう》の使い手である千葉周作《ちばしゅうさく》（一七九四～一八五五）が開いた町道場。

＊羽目板
壁などの上に並べて張った板のこと。

ような、自分が浮いたら他の人もみんな浮き上がっていくような、そういうものをめざしていきたい。だれかが浮《う》いたらだれかが沈《しず》む。そういうものはあまりやりたくないですね。それがシドニーオリンピックが終わったときに思ったことです。

命をかけてやったとき何かが見えてくる

神渡　山岡鉄舟《やまおかてっしゅう》が大きな悟《さと》りを開いたのは、いまの山下監督より二歳上のときですが、それからの鉄舟はがらっと変わって、彼の周《まわ》りには多くの人が集まってくるようになりました。鉄舟が心から共感《きょうかん》し相槌《あいづち》を打って話を聞いてくれるものだから、訪ねて来る人がみんな夜の十時、十一時まで話し込んでいくんです。

私は鉄舟《てっしゅう》の大悟《だいご》*を調べていて思ったんですけど、一人の人間が悟《さと》りを開くということは、どうだ俺《おれ》は頑張《がんば》ったからここまで達したぞと誇るのではなくて、その恵《めぐ》みが周囲《しゅうい》の人たちに及《およ》んでいくのではないか、と。周囲の人たちも鉄舟《てっしゅう》に理解《りかい》され受け止められていると思うと、勇気づけられ、元気づけられて、よし俺《おれ》も頑張ろうという気持ちになっていきました。何よりも周囲の人がいきいきとしてくるのです。山下監督の話は、そういう魂《たましい》の交流《こうりゅう》に通ずるものがあるなと思いました。

山下　そして、その人がまた他の人に恵《めぐ》みを与えていく。そういうふうになっていくと素晴《すば》らしいですね。

神渡　ますます俺がの世界を超《こ》えて、新しい世界が開けてきますね。

山下　まさしく私の現役時代は俺がの世界でした。でも、決してそれは否定《ひてい》されるべきものではないと思うんですね。やはり若《わか》さにはものすごいエネルギーがあり、これが魅力《みりょく》のような気がする。金持ちになりたい、有名になりたい、強くなりたい、いい車に乗りたい、大いに結《けっ》構《こう》。若いときはそれでいいんじゃないかと思います。

その目標《もくひょう》に向けてひたむきにがむしゃらに突《つ》き進んで頑張《がんば》っていくなかで、それを成《な》し遂《と》げられたのはいろいろな人の支《ささ》えがあったからなんだと、少しずつ人生というものを学び続けることができれば、それでいいんじゃないかと思うんです。

ただ、二十代で成功した人が、そのときの価値観《かちかん》だけで三十代、四十代、五十代、六十代と生きていくとしたら、何か寂《さび》しいというか、怖《こわ》い人生になるような気がしますね。

神渡　そうならないためにも、一生学び続け、常《つね》に成長《せいちょう》していきたいものですね。

山下　そうありたいですね。あと五年たったときに、この対談《たいだん》を振《ふ》り返ってみて、やあ青《あお》かったなあ、ちょっと人生を知ったつもりでいたけ

＊大悟　大きな悟りを得ること。

れど、とんでもなかったなあ、といえる自分でありたいですね。そういうふうに少しずつでも成長していけたらと思います。

神渡　山下監督のお話を聞きながら思い出すのは、伏見工業《ふしみこうぎょう》高校ラグビー部の＊山口良治《やまぐちりょうじ》元監督です。山口監督はどうしようもない落ちこぼれたちを集めてラグビーを始めました。当時は京都予選《よせん》も勝ち残れないような弱小《じゃくしょう》チームを日本一のチームにしようと、もうがむしゃらに頑張《がんば》りました。そのなかでさまざまなことに気づいていくんですね。どういうパスを出したら相手が受け取りやすいかとか、どういうゲーム展開《てんかい》をしたら勝てるかとか、自分たちで気づいていくんです。

　同好会《どうこうかい》レベルだったら負けたら傷《きず》をなめ合って、慰《なぐさ》めていればよいけれど、日本一をめざすと、負けたら真剣《しんけん》に検討《けんとう》するし、勝ったら勝ったで、よりミスを少なくするために検討する。そしてとうとう二度まで日本一の栄冠《えいかん》を手に入れました。

　言葉は悪いですが、山口監督はラグビーしか知らないラグビー馬鹿《ばか》です。それしか知らないけれど、それで日本一になろうと死にもの狂《ぐる》いになったら、ラグビーそのものがいろいろなことを教えてくれ、大変な気づきに至《いた》ったわけです。柔道にしろラグビーにしろ、同好会《どうこうかい》レベルでいいかげんにやっていたら、そこからは何も学べないけれど、それに命をかけてやっていったら、そこから多くのことを学ぶことができるのだと思います。

　山下監督《かんとく》の場合も、もしそこそこの柔道《じゅうどう》で満足《まんぞく》していたのなら、そこからはあまり学びはなかったと思いますが、強くなりたい、日本一になりたい、世界一になりたいと思い、自分の弱さを克服《こくふく》して戦《たたか》っていったとき、いろいろなことが見えてきて、いろいろな気づきが人間的に成長させていったのだと思います。

人の痛みがわかる本当のチャンピオン

山下　今回のシドニーオリンピックを振り返ってみて非常《ひじょう》に嬉《うれ》しいことが四つあります。

神渡　どんなことですか。

山下　一つは篠原《しのはら》が決勝戦で負けましたね。誤審《ごしん》ではないかと私も抗《こう》議《ぎ》しましたが、篠原は「あれは自分が弱かったから負けた」「審判《しんぱん》に不満はない」という発言《はつげん》をしました。

神渡　その真意《しんい》はどういうことなんですか。

山下　篠原《しのはら》は、たとえあれが自分の一本ではなくて相手の有効《ゆうこう》になったとしても、本当に自分に力があったら、残り時間は十分にあったし、あの後で勝てたはずだ。本当の力が自分になかったから、それを取り戻《もど》せなかっただけで、そういう意味で

＊山口良治
京都・伏見工業高校でラグビー部の監督を務め、一九八一年全国高校ラグビー大会を制覇。「泣き虫先生」の愛称で知られ、平尾誠二や大八木敦など、のちの全日本代表となる名ラガーを育てる。ドラマ「スクールウォーズ」のモデルにもなった。

自分に絶対的な強さがなかった、と。それから「審判《しんぱん》に不満《ふまん》はない」というのは、審判が間違《まちが》えるような、そんな試合をした自分に責任がある。だれが見ても納得《なっとく》するような柔道をしなければいけなかったんだ、ということです。

他人を云々《うんぬん》するのではなく、それに対して自分がどうすべきであったかと、自分自身を深く見つめる。ああいうことが起きて、初めて彼が本当はどういう人間なのか、どういうことを大事《だいじ》にしているのか、それが明らかになったと思うんですね。そこには人間として非常に大事なことが含まれていると思うのです。

神渡　ウーン……。東洋思想《とうようしそう》の根底にあるのは「自反《じはん》」、つまり「自分に返る」ことです。自分はどうだったのかと振り返ったとき、ものが見えてくるといいます。

山下　われわれは何か事が起こるとすぐに人を批判《ひはん》します。だけど、人を批判しても何の解決にもならないんですね。それに対して自分はどうあるべきか、自分は何ができるのか、すべてを自分に置《お》き換《か》えて考えていかないと、何も解決しないんです。

篠原《しのはら》は見た目は、無骨《ぶこつ》でぶっきらぼうな男ですけど、今回のことで彼の人間性を見たような気がするんです。

神渡　そうですね。日本柔道は唯《ただ》の格闘技《かくとうぎ》のレベルを超《こ》えつつあるのですね。

山下　もう一つは初日に野村忠宏《のむらただひろ》が六十キロ級で優勝しました。前の日に試合のあった人間は、次の日の人間が力を出し切ることができるようそばに付《つ》き人《びと》として付くということを、前もって決めていたんですね。それで試合が終わった日は、野村は明《あ》け方《がた》の四時ごろまでマスコミの対応をし、次の日も朝八時から対応《たいおう》して、それが終わってお昼の十二時に試合会場に、車の中でハンバーガーを食《く》いながら駆《か》け付《つ》けて、中村行成《なかむらゆきなり》の付き人をやったんですよ。

神渡　ほんの数時間しか寝《ね》ていなかったんですか。

山下　はい。それで中村が負けた。負けて控《ひか》え室《しつ》に帰ってきて、がっくりと座り込んで着替《きが》え始めた。そのとき、野村が中村の柔道着をものすごく大事に大切に一所懸命《いっしょけんめい》畳《たた》んでいるんです。

付き人は試合に向かうまでですから、そこまでやる必要はないんです。それなのに負けた中村の柔道着をものすごく愛《いと》しそうに丁寧《ていねい》に丁寧《ていねい》に折《お》り畳《たた》んでいる。

その野村の姿《すがた》を見たとき、われわれコーチもものすごく心打たれた。ああ野村は人間的にもまた成長したな、人の痛みがわかる本当のチャンピオンになったな、と思ったものです。

戦いを通して人間的に成長

山下　三つ目は、これはシドニーのもっと前ですが、五月に大阪でアジア選手権大会がありました。実は非常《ひじょう》に情《なさ》けないことなのですが、柔道の試合が終わった後の試合会場というのはペットボトルとかテーピングテープとかがいろいろ散《ち》らかっていて非常に汚《きたな》いんです。私が監督《かんとく》になってからは、少なくとも日本チームが使った会場の周《まわ》りと観客席《かんきゃくせき》の周りのゴミを拾《ひろ》うようにして、それを必ず実行していたんです。

　ところが、あまりにも汚《きたな》いものだから、一年前から会場全部をやることにした。十五人ぐらいでやると、ものすごく散《ち》らかっていても十分から十五分で終わるんですね。あっという間なんです。

神渡　選手たちが率先《そっせん》してですか。

山下　いえ、まずは私が命《めい》じてです。毎回、そうやってやっていたのですが、アジア選手権のときは、試合が終わって、私が「さあ、みんなゴミ拾いに行こうか」というと、「もう全部ゴミを拾ってきました」とある選手がいうんですね。いつも私か他のコーチがいわないとやらなかったので、だれにいわれてやったのか聞いてみると、「われわれが使ったところはわれわれが掃除《そうじ》するのは当たり前ですから」というんですよ。

神渡　勝ち負けとは別の意味で、嬉《うれ》しい選手の成長ですね。

山下　最後にもう一つ嬉《うれ》しいことがあります。アジア選手権大会が終わった後、天理《てんり》大学で合宿《がっしゅく》をやったんです。ここには外国の選手も合宿をしていて、外国の人というのはトイレでスリッパを散《ち》らかしてもあまり気にしないんですね。それで朝五時ごろ私がトイレに行ってみると、一所懸命《いっしょけんめい》履物《はきもの》を揃《そろ》えている男がいるんですよ。私がおっとびっくりすると、それに気づいた彼は顔を真っ赤にして、恥《は》ずかしそうに走って部屋に戻っていった。それが勝手《かって》気ままとか、自由児《じゆうじ》とかいろいろいわれたあの滝本誠《たきもとまこと》なんですよ。

神渡　今回、八十一キロ級で金メダルを取った選手ですね。

山下　はい。篠原《しのはら》、野村《のむら》、滝本《たきもと》といろいろなケースを見てきて、こういう戦いを通して彼らは確実に人間的にも成長しているな、と。これは金メダルをいくつ取ったというのとは違った、また別の喜《よろこ》びがありますね。

神渡　そういうことにも価値《かち》を置いて、選手たちを指導《しどう》されているのですか。

山下　もちろん彼らにも足りないところはいっぱいあります。でも、体の中にそういうことを大事《だいじ》にする気持ちが芽生《めば》えてきている。たぶん、ただ柔道《じゅうどう》が一番強いだけではなくて、最高の選手になりたいという思いも、彼らのなかのどこかにあるのかなという気がします。やはり選手の成長を見ますと、私ももっと勉強して成長していかないといかんなと思います。

随処《ずいしょ》に主《しゅ》となる

神渡　きょうお話をお聞きして、当時の中曽根《なかそね》首相が山下監督を国民栄誉賞《えいよしょう》に選ばれた理由がわかったような気がします。

山下　いや、国民栄誉賞のことでは高橋尚子《たかはしなおこ》さんの受賞《じゅしょう》について若すぎるんじゃないかとか、マスコミが私のところにもコメントを求めてきましたが、これも私の考えは他の人とは違うんです。

　ぼくがコメントしたのは、栄誉賞《えいよしょう》はよく頑張ったね、これでさらにまた、高橋さんらしくいきいきと輝いてね、そういう励《はげ》ましの意味でもらったはずだから、何も負担《ふたん》とか重荷《おもに》に感じる必要はない、と。そういいました。

　ぼくとあまり親《した》しくない人とか、親しくてもからかう連中《れんちゅう》は酒を飲んだりすると「おまえ国民栄誉賞なんかもらって大変だよな、何もできなくなって」とかいわれますが、そんなことはまったく関係ない。

　私自身としては、オリンピック金メダリスト、国民栄誉賞というのは私の行動の判断基準《はんだんきじゅん》にはまったく入っていない。国民栄誉賞に相応《ふさわ》しい人間でありたいなんて一度も思ったこともないし、今後も思うことはないと思います。私の行動の基準《きじゅん》は、人間らしく生きたい、日本人らしく生きたい、男らしく生きたい、柔道家らしく生きたい、その四つがあればもう十分じゃないかという気がします。

神渡　いや、その通りだと思います。やはり「随処《ずいしょ》に主《しゅ》となる」ですよ。自分の本来の姿で生きること、自然体で生きることが一番です。

　ところで、さっき篠原《しのはら》選手の例《れい》をあげ、篠原選手が「ジャッジに不満はない、自分が弱いから負けたんだ」と自分に返ってきたことを話されましたね。そういう例を持ち出されるように、山下監督は若い選手たちに、人を責《せ》めてもそこからは何も生まれないよ、結局は自分だよ、ということを教えていらっしゃる。世の中は、人を非難《ひなん》する、人のせいにする、人の足をひっぱる、そういうことばかりに目が向いているだけに、山下監督が改《あらた》めて人間の原点《げんてん》を教えてくださっているというのは、これからの日本を思えば本当にありがたいことだと思います。

人生に無駄《むだ》なことはない

神渡　ところで、われわれは両親に命を与えてもらい、この世の中に送り出してもらい、人生を送らせていただいています。このことはさらにいえば、天が私たち一人ひとりにいろいろな出来事《できごと》を通して気づかせ教え学ばせて、私たちを導《みちび》いてくださっていることでもあるような気がするんですよ。

命があればこそいろいろな経験《けいけん》をします。その経験のなかには、もちろん、ぺしゃんこになる経験もあるし、なんでだと憤《いきどお》りたくなるような経験もあるけれども、ああそういうことなのかと、気づかせ教え学ばせていただくと、深く魂《たましい》にしみ込《こ》んでたくましくなっていくような気がします。

そういう意味では、命をいただいて人生を送らせてもらっていることほどありがたいことはないんじゃないでしょうか。

山下　よくいわれますね、人生に無駄《むだ》なことはない、と。ほんとにそうだと思います。だからすべてをやはり前向きにとらえていくことが大事だし、そういう人間になっていきたいとぼくは思っています。

それからもう一つ思うのは、業績《ぎょうせき》を上げたり成果《せいか》を残したりしているときは、なかなか自分の内面《ないめん》を磨《みが》くのは難《むずか》しいのではないかという気がするんですね。やはり挫折《ざせつ》や逆境《ぎゃっきょう》というものを通さないとわれわれ凡人《ぼんじん》というのは気づかないし、学べない。実は今日まで私なりの逆境《ぎゃっきょう》は多少ありましたが、いつも多くの人に恵《めぐ》まれて、支《ささ》えられて、励《はげ》まされてやってきました。だから、私は本当の逆境というものは知らないのではないかと思うんです。

ロスのオリンピックのとき右足を負傷《ふしょう》しましたが、表彰台《ひょうしょうだい》の一番上で、ああ、俺は世界で一番幸せな男じゃないかと思えたし、その前にモスクワオリンピックのボイコットが決まった翌日《よくじつ》に足を骨折《こっせつ》して入院したときも、ああ、神様は俺の現役《げんえき》生活に一番関係のない時期に足を折ってくれて、ゆっくり休めといっているのだな、柔道はおまえにとってどういう意味を持つのか一から考え直して、もう一回、一からスタートしろよといっているのだなと思ったんです。

神渡　モスクワに行けないということは、四年間の努力《どりょく》がふいになることですから、こん畜生《ちくしょう》と政治家を怨《うら》むのが普通《ふつう》ですが、ひねくれてしまわないところが山下さんの人と違うところですね。

世《よ》を挙《あ》げてポジティブ・シンキングが大切だといっていますが、私はもっと進めて、〝完全肯定《かんぜんこうてい》〟になるべきだと思っています。「何が起ころうと、人生に不都合《ふつごう》なことはない」。こうとらえることができるようになると、人生はがらりと変わり、魅力《みりょく》に満《み》ちてくるんですね。目に見えない天の導《みちび》きの糸《いと》を信じると、不安にかられたり、卑屈《ひくつ》になることがなくなり、人生を素直《すなお》に受け入れられ、味わえるようにさえなるんです。

　すべての結果を受け入れる。その状況下《じょうきょうか》で、いま自分がやれることをやる。そこに自分の人生の主人公になれる秘訣《ひけつ》があるような気がします。

山下　よくわかります。私ももしこのシドニーで大惨敗《だいざんぱい》をしてだれからも相手にされず、振《ふ》り向いてもらえない状況になっていたとしても、それはそれで自分にとってはいままでの自分を振り返る、これ以上のチャンスはないと考えていたと思います。

勝負に対して貪欲《どんよく》だった

神渡　この対談もそろそろ終盤《しゅうばん》ですが、山下さんは八年間で公式戦《こうしきせん》二百三連勝という前人未到《ぜんじんみとう》の記録をつくられた。その強さはどこにあったとお考えですか。

山下　勝負に対してすごく貪欲《どんよく》でしたね。ただ勝つことだけでは満足《まんぞく》できない。納得いく勝利というものを求めていた。だから、たくさん勝ったけれど、これは本当に合格点《ごうかくてん》だ、いい試合をやったと自分でいえるような試合というのは、三つか四つぐらいしかないですね。

　で、よくこんな質問《しつもん》をされたんです。おまえは全日本でも優勝《ゆうしょう》した、世界チャンピオンにもなった、オリンピックでも金メダルを取った、もうめざすものがないじゃないか、何をめざしてやっているんだ、と。そういう質問を受けて、ハッと思ったんですけど、最終的《さいしゅうてき》に自分がめざしていたのは、自分の理想《りそう》とする柔道だったんですね。理想とする柔道に一歩でも二歩でも近づきたい、と。

　その理想とする柔道から自分を見たときに、自分はやはりまだ未熟《みじゅく》だという思いがありました。

神渡　なるほど。

山下　この点は、現役《げんえき》を退《しりぞ》いたいまも同じで、これからは自分の人生の理想をめざして上っていきたいですね。

神渡　そういう尽《つ》きることのない向上心、人格形成意欲《じんかくけいせいいよく》の原動力《げんどうりょく》となっているのは何ですか。

山下　やはり素晴《すば》らしい二人の恩《おん》師《し》との出会いですね。一人は熊本の藤園中学時代の白石礼介先生。白石先生からは、柔道の「道」を、学んだ気がします。白石先生は中学柔道界では日本でも指折《ゆびお》りの名監督でした。何しろ公式戦《こうしきせん》では九年間の無敗《むはい》記録を持っているのですから。

　その先生にどんなことをいわれたか。簡単《かんたん》にいうと、柔道だけやっていたんじゃダメだぞ。柔道で金メダルを取ることは素晴《すば》らしいことだが、もっと大事《だいじ》なこと、価値《かち》があることは人生の金メダルを取ることだぞ。社会人として役に立つ、活躍《かつやく》できる人間になることだ。そのためには柔道だけじゃなく勉強も頑張《がんば》らにゃいかんよ。人生の勝利者《しょうりしゃ》をめざしなさい。これが一つです。

それと、強くなろうと思ったら、常《つね》に人の話に素直《すなお》に耳を傾《かたむ》けなさい。親の話、先生の話を聞ける耳を持つことだよ、と。そして人間というのは強くなればなるほど、やさしくなれるんだよ、と。それから夢を持ちなさい、ロマンを持ちなさい。こんな話をされました。

全国でも敵《てき》なしの柔道部の先生ですから、私にとっては神様《かみさま》です。小学校時代はものすごく悪くて、手のつけられないワンパク坊主《ぼうず》だった私も、白石先生のいうことを素直《すなお》に聞いてついていけば強くなれると思った。だから、白石先生の言葉が心にしみわたるように入ってきました。

そして、高校二年の夏には、神奈川県の東海大相模《とうかいだいさがみ》高校に転校し、佐《さ》藤宣践《とうのぶゆき》先生から柔道の指導《しどう》を受けるようになりました。佐藤先生から一番学んだことは、「学び続ける」ということです。佐藤先生は常に向上心《こうじょうしん》を持って勉強され、自分を磨き高めておられました。私は佐藤先生の家に四年間下宿し、先生の生きざまや後《うし》ろ姿《すがた》から、物の見方《みかた》や社会の常識《じょうしき》や人の道など、私の人間形成《にんげんけいせい》の核《かく》となるものを知らず知らずのうちに学んだような気がします。だから、佐藤先生から学んだのは先生の言葉じゃないんですね。

常《つね》にいろんな人の意見に対《たい》して耳を傾《かたむ》けて、必要なことであれば、それを実践《じっせん》に移す。これは相手がどんな人でも、自分が人間として高められることがあれば、敵味方《てきみかた》、上下《じょうげ》関係なく、いいものはいいと耳を傾《かたむ》け、実行《じっこう》されていた。

それと、これは先生からいわれたことですが、総合力《そうごうりょく》だ、と。自分だけで力《りき》んでもたかが知れてる。どれだけ多くの人の協力《きょうりょく》、理解《りかい》を得《え》るか。それによって、大きなことが成《な》し得るんだ、と。こういう教えはいまも私の心の中にしみています。

一生学び続けて自分を磨く

山下　ぼくは人生最後の夢があるんですよ。
神渡　それはぜひ聞きたいですね。
山下　それは、この世《よ》が終わってあの世に行くときに、東海《とうかい》大学創始《そうし》者《しゃ》の*松前重義《まつまえしげよし》先生と、柔道《じゅうどう》の創始者《そうししゃ》の*嘉納治五郎《かのうじごろう》先生が私を迎えにきてくれるような、そんな人生を送りたいということです。
松前《まつまえ》先生は、国際柔道連盟《こくさいじゅうどうれんめい》の会長を八年間務《つと》められました。柔道をこよなく愛し、同じ熊本出身の私を孫《まご》のように可愛《かわい》がってくれました。私によくいわれたことは、「ぼくがきみを一所懸命応援《いっしょけんめいおうえん》するのは、柔道の試合で勝ってほしいだけじゃないんだよ。そんなことは小さいことなんだよ。ぼくは柔道を通《とお》してきみに世界の多くの国々の人たちと友好親善《ゆうこうしんぜん》を深《ふか》めてほしいんだ。もっといえば、

＊松前重義
一九〇一〜一九九一。教育家・政治家。熊本県生まれ。東北大学電気工学科卒。卒業後、逓信省《ていしんしょう》に入り、終戦直後、逓信院《ていしんいん》の総裁《そうさい》となり、公職追放《こうしょくついほう》を受ける。その後代議士を経て、東海大学を創立する。国際柔道連盟会長も務める。

＊嘉納治五郎
一八六〇〜一九三八。柔道家であり教育家。兵庫県出身。東京帝国大学卒。柔道の創《そう》始者《ししゃ》として知られる。講道館《こうどうかん》の設立者でもある。

スポーツを通して世界の平和に貢献できる人間になってほしいんだよ」ということでした。

嘉納《かのう》先生は、柔道を通して心身《しんしん》を鍛《きた》え、有為《ゆうい》な人材《じんざい》を世の中に輩出《はいしゅつ》していくために、柔道を創始《そうし》された。晩年《ばんねん》よく「精力善用《せいりょくぜんよう》、自他共栄《じたきょうえい》」という言葉を使われましたが、自分のエネルギーを善《よ》きことに使い、自分も他人も共《とも》に栄《さか》える世の中をつくっていくことが、柔道がめざすものだと思うんです。

私の第三の人生では、松前《まつまえ》先生と嘉納《かのう》先生の遺志《いし》を継《つ》げるような人材《じんざい》になれるよう日々努力していきたいと思います。そして、いよいよこの世《よ》を去《さ》るとき、「山下、よくやった」と二人の先生が迎《むか》えにきてくれるような人生を送りたい。

神渡　いい夢ですね。二人の先生の願《ねが》いに応《こた》えられる自分であろうと、無窮《むきゅう》の精進《しょうじん》を決意《けつい》しているのですね。山下監督がこれまで曲《ま》がることなく、ねじけることなく真っすぐに伸びてこられたことがわかりました。これからも真《ま》っ正直《しょうじき》に成長していってください。

山下　偉大《いだい》なお二人に一歩でも、二歩でも近づきたい。それには常《つね》に自分自身にこれでいいのか、これでいいのかと問い直し、一生学び続けて自分を磨《みが》いていかないといけないと思っています。

（『致知』二〇〇一年一月号掲載）

◎現代人の伝記◎家本　賢太郎

十八歳、私の起業

医療ミスで車椅子の生活を余儀なくされ、
高校進学を断念。
しかしそこから始まった新たな挑戦！

成長著《いちじる》しいコンピュータ業界《ぎょうかい》で、
弱冠《じゃっかん》十五歳でインターネット関連《かんれん》の
会社を起業《きぎょう》した家本氏。
脳腫瘍《のうしゅよう》、車椅子《くるまいす》生活など
幾多《いくた》の苦難《くなん》を乗り越えての起業《きぎょう》は、
二十一世紀の
新しい経営者像を提示《ていじ》する。
時代は確実に変わっている。

《プロフィール／**家本賢太郎**》

いえもと・けんたろう　昭和56年愛知県生まれ。平成9年私立滝中学（愛知県江南《こうなん》市）卒業。同年、弱冠《じゃっかん》15歳でインターネット関連企業・クララオンラインを創業《そうぎょう》。現在、慶應義塾《けいおうぎじゅく》大学環《かん》境情報《きょうじょうほう》学部（湘南藤沢《しょうなんふじさわ》キャンパス）に在籍《ざいせき》中。

日本人らしくない経営者

昨年の初め、アメリカの「ニューズウィーク*」誌の「二十一世紀の百人」という特集《とくしゅう》で、そのなかの一人としてとりあげられました。どんな理由で選ばれたのかは定《さだ》かではありませんが、どうやら車椅子の十五歳の少年の起業《きぎょう》が、「日本人らしくない経営者」と彼らの目には映《うつ》ったようです。

私には新しいことをやろうとか、変わったことをやろうといった特別な意識《いしき》はありません。ただ好きなことをやってきただけなのですが、小中高、大学と一本のレールに乗り、学校を卒業《そつぎょう》すれば就職《しゅうしょく》するという、これまでの日本人の職業観《しょくぎょうかん》からすれば、確かに異質《いしつ》といえるかもしれません。

現在、私どもはインターネットなど企業内《きぎょうない》のネットワークの根幹《こんかん》となるサーバーコンピュータをお客様に代《か》わって管理《かんり》メンテナンスする仕事をしています。現在、取引企業《とりひききぎょう》は三千四百社。もしインターネットがなかったら、私のような者は起業《きぎょう》できなかったでしょう。

私は昭和五十六年十二月二日に生まれ、現在十八歳。小学校時代は、暇《ひま》があれば野球に明《あ》け暮《く》れる野球少年でした。所属《しょぞく》する野球チームではキャプテンを務《つと》め、キャッチャーで四番を打っていました。県大会とか、全国大会にも出たことがあり、将来《しょうらい》はプロ野球選手になることを夢見ていました。

ところが、六年生の終わりのころ、突然《とつぜん》の異変《いへん》が体を襲《おそ》いました。疲《つか》れる。熱が出る。目がかすむ。原因《げんいん》不明のまま、病気を押《お》して私立《しりつ》中学を受験《じゅけん》しました。合格《ごうかく》はしたものの中学校にはほとんど行けず、入退院《にゅうたいいん》を繰《く》り返しました。結局《けっきょく》中学三年間で、私が学校の門《もん》をくぐったのは百日ぐらいで、そのうち出席扱いになったのは二十日ほどでした。ほとんどまともに学校には行っていないのです。

病状《びょうじょう》は一向《いっこう》によくなりませんでした。何が原因なのかもわからず、視《し》力《りょく》もどんどん落ちてきて、次第《しだい》に視《し》野《や》も狭《せま》くなっていきました。

医療《いりょう》ミスで半身不随《はんしんふずい》

病名《びょうめい》がわかったのは発症《はっしょう》の二年後でした。「脳腫瘍《のうしゅよう》」ができていたのです。

中学二年の冬に大学病院で脳腫瘍《のうしゅよう》の摘出手術《てきしゅつしゅじゅつ》をしました。脳腫瘍の摘出は三時間ぐらいで無事《ぶじ》に終わったのですが、その後医療《いりょう》ミスが起きました。必要《ひつよう》な点滴《てんてき》が注入《ちゅうにゅう》されなかったのです。そのため脳幹《のうかん》が壊死*《えし》し、呼吸《こきゅう》が止まってしまいました。懸命《けんめい》の心臓《しんぞう》マッサージによって蘇生《そせい》したものの、九時間にも及《およ》ぶ手術が終わって手術室から出てきた私には、ま

*ニューズウィーク
アメリカの週刊誌。

*壊死
血行不良などが原因で、からだの組織の一部が死んでしまうこと。

ったく意識がありませんでした。

意識《いしき》が戻《もど》ったのは術後《じゅつご》八日目でした。目が覚《さ》めたら、首から下の感覚《かんかく》がまったくありません。体中に管《くだ》が刺《さ》され、気管《きかん》が切開《せっかい》されて声が出ません。私は何が何だかわからず錯乱《さくらん》状態《じょうたい》になってしまいました。

病院側は医療《いりょう》ミスを認《みと》めてくれましたが、医療ミスがどうのこうのというよりも、私が一番つらかったことは、野球への夢が人の手によってぶちっと断《た》ち切られたということでした。食べることも、排泄行為《はいせつこうい》も、体を動かすことも、自分の力ではできない。だれかの手を借《か》りなければ生きていけず、自分は生きている価《か》値《ち》はあるんだろうかと、悪いほうへ悪いほうへと考えてしまうのです。

手術後、三、四か月までは、一日中そんなことばかりを考えていました。とことん自分を追《お》い詰《つ》めていき、すべてのリハビリを拒否《きょひ》していました。

ところが、おもしろいことに、自分の首を絞《し》めようにも自分の手は動かなかったし、窓《まど》から飛《と》び降《お》りようにもそこまで歩いていけませんでした。気持ちは行《い》き着《つ》くところまで行ってしまっても、ふっとそこから現実《げんじつ》に戻ってきてしまう。そこで、どうしようもないな、というあきらめというか、不思議《ふしぎ》な心の安定《あんてい》が訪《おとず》れるのです。

お前は一生車椅子《くるまいす》なんだよ

ちょうどそのころ、ある車椅子《くるまいす》のセールスマンが、私の病室《びょうしつ》を訪れるようになりました。その人は病院に出入《でい》りしている業者《ぎょうしゃ》さんで、患者の中に将来《しょうらい》車椅子が必要になりそうな人を見つけると、車椅子を売りにくるのです。しかし、患者《かんじゃ》の立場《たちば》からすると、なにか医者《いしゃ》に言われる前から、「お前は一生車椅子なんだよ」と言われているみたいで、いやでいやで仕方《しかた》がありませんでした。

だから、最初私はその人を無視《むし》していたのですが、それでも毎日しつこくやって来ました。二十日目ぐらいから、私もとうとう根負《こんま》けして話をするようになりました。

私はその営業《えいぎょう》マンに「自分は損《そん》をしている」と口癖《くちぐせ》のように言っていました。何日間かじっと私の愚痴《ぐち》を聞いてくれていた営業マンは、ある日、次のような話をしてくれました。

「十二年間、君は普通《ふつう》に歩いてきて、身長《しんちょう》百七十センチくらいからの世界を見てきた。ところが、これからは君は車椅子という新しい人生をもらったんだ。普通、人は一つの人生しか経験《けいけん》できないけれど、君は二つの人生を経験できるんだよ」

この言葉は、マイナス＊思考《しこう》の塊《かたまり》だった私の心にすっと入ってきました。人生で何が損《そん》か得《とく》かは、その人の考え方一つで決まるのです。

＊マイナス思考
物事を悪いほうへ悪いほうへとらえてしまう考え方。反対はプラス思考。

しかし、それでもまだ野球には未練《みれん》がありました。野球の思い出がどうしても忘《わす》れられず、その話ばかりをしていると、その営業《えいぎょう》マンはこのように言いました。

「昔《むかし》の思い出というものは、忘れろとは言わないが、それにとらわれていてはいけない。思い出は箱《はこ》の中に入れて、しっかり紐《ひも》でとめておきなさい。そして、真《ま》っさらな気持ちになって、新しいことにチャレンジしていきなさい。もし昔のことが懐《なつ》かしくなったら、ちょっとフタを開《あ》けて、覗《のぞ》いてみたらいいんだよ」

そんな励《はげ》ましの言葉に勇気《ゆうき》づけられて、私は何かにチャレンジしようという意欲《いよく》が湧《わ》いてきました。そして、せめてパソコンのキーボードだけでも打てるようになりたいという目標《もくひょう》を立て、ついにリハビリを始《はじ》めることにしたのです。

当時《とうじ》は、手もまったく動きませんでしたが、三、四か月リハビリを続けているうちに次第に手が動くようになってきました。そこからの進歩《しんぽ》は早く、すぐに椅子《いす》に座《すわ》れるようになりました。このままひょっとすると足のほうも動くようになるかな、と思ってリハビリを頑張《がんば》ったのですが、結局《けっきょく》、腰《こし》から下の神経《しんけい》は回復《かいふく》することはありませんでした。

遊び半分でソフトウエアを作成《さくせい》

私がコンピュータに興味《きょうみ》を持ったのは、小学六年で入院したときに遡《さかのぼ》ります。

入院しても暇《ひま》だったものですから、家から六、七紙《し》の新聞《しんぶん》を持ってきてもらって、朝から晩《ばん》まで新聞を読んでいました。最初は新聞を読んでいるだけで満足《まんぞく》していたのですが、あるとき、新聞の中に、小さな数字《すうじ》がいっぱい書いてある「*東証株式《とうしょうかぶしき》第一部」という株式欄《かぶしきらん》に目が止《と》まりました。この数字は何かと聞くと、会社の株式《かぶしき》のその日の価格《かかく》だということがわかりました。しかも、毎日その価格を追《お》っていくと、少しずつ変動《へんどう》しているのです。この数字《すうじ》は、日本の政治《せいじ》や経済《けいざい》の動きを映《うつ》しており、ひいては世界の情勢《じょうせい》まで知ることができるとわかり、ますます株式《かぶしき》に興《きょう》味《み》を持つようになりました。

親に頼《たの》んで、株式に関する本を買ってきてもらい、独学《どくがく》で勉強していきました。ベッドの横に段《だん》ボール四、五個分の本が溜《たま》ったころから、私は毎日の株式の動きをグラフに記録《きろく》し、自分なりにデータを分析《ぶんせき》していました。そんなとき、たまたま同室《どうしつ》にコンピュータメーカーの役員《やくいん》の方《かた》がおられ、パソコンだったら簡単《かんたん》に株式《かぶしき》が分析《ぶんせき》できることを教えてもらったのです。

私はパソコンがどうしても欲《ほ》しくなり、父にねだってパソコンを買ってもらいました。中学一年の九月の

*東証　東京証券取引所《とうきょうしょうけんとりひきじょ》の略。日本の代表的な証券取引所で、株式のほか、国債《こくさい》などの債券《さいけん》も取り扱っている。第一部、第二部、外国部などがあり、それぞれに上場《じょうじょう》の条件が定められている。

ことです。それからは体の調子が良いときには、時間が許《ゆる》す限《かぎ》りパソコンに向かうようになっていきました。

手術後、リハビリによって起き上がれるようになると、株式《かぶしき》の分析《ぶんせき》からコンピュータのソフトウエアの作《さく》成《せい》に興味《きょうみ》が移《うつ》っていきました。病院では何もすることがなかったので、遊び半分《はんぶん》でインターネット関連《かんれん》のソフトウエアをつくっていました。

いくつかつくったソフトの一つが、台湾《たいわん》とか香港《ほんこん》などのアジアのパソコン雑誌《ざっし》に取り上げられ、それが海外《かいがい》の会社の目に止まり、商品化《しょうひんか》の話が舞《ま》い込《こ》むようになりました。私にはソフトウエアでお金儲《もう》けをしようという考えはありませんでしたので、全部《ぜんぶ》お断《ことわ》りをしていたのですが、九社目の台湾《たいわん》のAさんという人が、「一《いっ》緒《しょ》に仕事をしないか。そのためには場所も提供《ていきょう》するし、人もお金も用意する」と言ってきました。

その申《もう》し出《で》に心が動きました。ぜひチャレンジしてみたいと思ったのです。私は、自分が十四歳であること、車椅子であることを相手に伝え、それでもよかったら仕事を一緒にしようと伝えました。

早速《さっそく》、Aさんは役員《やくいん》を八人ぐらい連れて、はるばる台湾《たいわん》から私の病室を訪ねてきました。ところが、私にとっての一番のハードルは両親でした。訳《わけ》のわからない言葉をしゃべる外国人が、私のベッドを取り囲《かこ》んで何かやっていることに不信《ふしん》を抱《いだ》いた同室《どうしつ》の患者《かんじゃ》さんが、両親に告《つ》げ口《ぐち》をしたのです。

大学教授《きょうじゅ》で厳格《げんかく》な父親が慌《あわ》ててやって来て、私の説明《せつめい》を聞くなり、にべもなく「ばかもん。インターネットの仕事をするより、自分の体を治《なお》すほうが先だろう」と一喝《いっかつ》されてしまいました。結局、Aさんとの仕事の話はその場でボツになってしまいましたが、そのころからインターネットの仕事をしたいという思いが次第に強くなっていきました。

高校進学を断念《だんねん》

何か自分でやれることはないかと、いろいろ考えました。一時《いちじ》は、やっぱりだめかなとあきらめかけましたが、自分なりに考えてレンタルサーバー、つまりユーザーに代わって自分たちがネットワークの根幹《こんかん》となるサーバーコンピュータを管理《かんり》メンテナンスする仕事だったら、私にもできるのではないかと考えました。

会社を起業《きぎょう》しようと決心《けっしん》したのは、中学三年の十二月ごろでした。そして、そのころちょうど車椅子ではありますが、病院を退院する目途《めど》が立ってきました。

私は高校には行っていませんが、高校に行きたくなかったわけではありません。実《じつ》は高校に通いながら仕事をするつもりでした。ところが、体が復調《ふくちょう》し、退院《たいいん》の目途《めど》がついたときには、すでに高校の願書の受け付けは終わっていたのです。

　どこも行くところがなくなってしまい、教育委員会に相談《そうだん》すると、大検《だいけん》（大学入学資格検定《だいがくにゅうがくしかくけんてい》）という制度《せいど》があることを教えてもらいました。そこで中学を卒業《そつぎょう》してすぐに大検《だいけん》を受けたら、運《うん》よく合格《ごうかく》し、結局、高校には行きませんでした。それでも大学だけは出ておきたいと思い、昨年から慶應義塾大学法学部法律科《けいおうぎじゅくだいがくほうがくぶほうりつか》の通信教育《つうしんきょういく》で学んでいます。

　高校進学を断念《だんねん》した私は、卒業までの残された時間を事業資金《じぎょうしきん》を稼《かせ》ぐことに専念《せんねん》しました。当時はパソコン雑誌《ざっし》の創刊《そうかん》ラッシュで、ライターの仕事がたくさんありました。三か月ほど記事《きじ》を書きまくり、百万円の資金をつくりました。それで大型《おおがた》のサーバーコンピュータを二台買い、中学を卒業して二か月後の平成九年五月二十日に自宅《じたく》の自分の部屋でクララオンラインをスタートしました。社名の「クララ」は妹の名前の「くらら」からとりました。「クララ」はラテン語で光《ひか》り輝《かがや》くという意味があり、欧米《おうべい》の人も覚《おぼ》えやすいと思ったからです。

十五歳で会社を設立《せつりつ》

　クララオンラインの起業《きぎょう》で最大《さいだい》のネックになったのは、両親の説得《せっとく》でした。未成年《みせいねん》ですから、会社をつくるには*親権者《しんけんしゃ》の承諾《しょうだく》が必要です。十四歳のころに一度反対されていますから、どのように説得するか非常《ひじょう》に迷《まよ》いました。私なりに作戦《さくせん》を考え、両親の説得《せっとく》に臨《のぞ》みました。

　予《あらかじ》めこちらで書類《しょるい》を作成《さくせい》し、あとは判子《はんこ》を押《お》すだけでよい状態にしておいて、夜中《よなか》の十二時ごろから説得を始めました。最初は猛反対《もうはんたい》だったのですが、私もこの場で判子《はんこ》をなんとしても押してもらいたいと思い、朝の六時ぐらいまでねばって説得をしました。さすがに親もくたびれて眠《ねむ》たくなったのでしょうか、とうとう根負《こんま》けして判子《はんこ》を押してくれました。

　また、会社の*登記《とうき》のときも手《て》間《ま》取《ど》りました。日本では十五歳以上でないと会社の取締役《とりしまりやく》になれないのですが、法務局《ほうむきょく》の担当官《たんとうかん》も十五歳の会社の設立《せつりつ》はさすがに経験《けいけん》がないらしく、申請《しんせい》してから登記《とうき》されるまでに三週間もかかってしまいました。

　それに輪《わ》をかけて困ったのは、市役所に*印鑑証明《いんかんしょうめい》をもらいにいったときでした。ここでも前例《ぜんれい》がなかったのでしょう。二十歳にならないと印鑑証明《いんかんしょうめい》を出せないと言われ、結局二週間ぐらいもめてようやく印鑑証明《いんかんしょうめい》をもらうことができました。

　創業《そうぎょう》して一年ぐらいは足踏《あしぶ》み状態が続きました。なぜうまくいかないのだろうと何度も考えましたが、それでもその答えは見つかりませんでした。

*登記
会社や不動産、自分の身分などを確実にするため登記簿に記載すること。

*親権者
子どもの教育、身分・財産の保護・監督などの権利や義務をもつ者。通常は、親のことを指す。

*印鑑証明
市区町村にあらかじめ届け出ている印鑑と照合し、それと同じものであると証明すること。会社設立などのとき、身分証明のために提出を求められる。

あるときお客さんにひどく叱られたことがありました。なぜ、叱《しか》られたのか。そのことを考えると、夜も眠れませんでした。年齢《ねんれい》のことや、車椅子のことは意識《いしき》しないようにしていたのですが、どうやらそれを言《い》い訳《わけ》にしていたようです。仕事がうまくいかないとき、まだ若《わか》いから、あるいは車椅子に乗《の》っているからと言い訳をつくっていたのです。

しかし、仕事はそんなに甘いものではありません。相手にとっては年が若かろうが、車椅子に乗っていようが、関係《かんけい》のないことです。そう考えると、自分に何が欠《か》けていたか、またこれからどうしていけばよいかが、はっきりと見えてきました。

それからというもの、事業《じぎょう》も少しずつ軌道《きどう》に乗ってきました。創業《そうぎょう》からしばらくは赤字《あかじ》でしたが、インターネットの普及《ふきゅう》という追《お》い風《かぜ》もあり、二年目の決算《けっさん》からはきちんと黒字《くろじ》が出せるようになりました。おかげさまで昨年は売り上げ二億八千万円、*経常利益《けいじょうりえき》 三千五百万円、今期《こんき》は堅《かた》く見積《みつ》もっても売り上げ五億円、経常利益九千万円はいくだろうと思います。

コンビニエンスストアでアルバイト

しかし、経営が軌道《きどう》に乗り、少し浮《う》かれていたのかもしれません。社員の経費《けいひ》の使い込みが発覚《はっかく》したのです。それまで私は人から給料《きゅうりょう》をもらったことがありませんでした。だから、給料をもらうという感覚《かんかく》がわかりませんでした。社員がどんな気持ちでお金を稼《かせ》いでいるのかもわかりませんでした。

いろいろなトラブルが発生《はっせい》し、自分なりに壁《かべ》を感じ始《はじ》めたころ、確か昨年の二月だったと思いますが、朝起きると、足の先がぴくっと動きました。これはもしやと思い、慌《あわ》てて病院に行くと、不思議なことに頭のてっぺんから足の先まで電気《でんき》が通るというのです。つまり死んでいた神《しん》経《けい》が蘇《よみがえ》り、回復《かいふく》し始めていたのです。すぐにリハビリを開始《かいし》し、いまでは健常者《けんじょうしゃ》とまったく同じように歩けるようになりました。

車椅子《くるまいす》生活から解放《かいほう》された私は、昨年の五月から十月まで、近くのコンビニエンスストアで週五日間、朝の六時から九時までアルバイトをさせてもらいました。

アルバイトを始めて二、三か月がたったころから、給料日《きゅうりょうび》が近づくと指折《ゆびお》り数《かぞ》えて待つようになっていました。みんながどんな思いで給料を待《ま》っているかがようやくわかったような気がしました。

私の金銭感覚《きんせんかんかく》は中学三年生のころで止まっていました。お金があろうがなかろうが、なんとか生きていけるのではないか。そんな金銭感覚《きんせんかんかく》のいい加減《かげん》さが、社員の不正《ふせい》を生み出

*経常利益
売上から原価や経費などを差し引いた会社全体の利益のこと。

していたのです。改めて利益を生み出すことの大切さを痛感するとともに、経営《けいえい》というものを見直すいい機《き》会《かい》になりました。

時代はものすごいスピードで変わっています。十年前の日本では、私のような経営者が出ることは、予想《よそう》もできなかったでしょう。

十代の経営者は、世界的《せかいてき》に見れば、それほど珍《めずら》しいことではありません。とくにアメリカにはたくさんいて、彼らの八割近くがインターネット関《かん》連《れん》の仕事をしています。私と同じような若《わか》い経営者が日本でもどんどん増えてくれば、世の中は確実《かくじつ》に変わってくるでしょう。

いままでは一本のレールしかなくて、選択肢《せんたくし》はあまりありませんでしたが、これからは学校に通《かよ》っている間に新しいビジネスチャンスがあれば、それに果敢《かかん》に挑戦《ちょうせん》していく。そういった多様《たよう》な選択肢《せんたくし》が増えてくる。そうすればいろいろなビジネスが生まれ、社会も活性化《かっせいか》してくるでしょう。

インターネットは、いまのライフライン*の次にくる産業《さんぎょう》だと思います。新しい業界《ぎょうかい》のパイオニア*として、少なくともあと十年はこの世界の第一《だいいっ》線《せん》で頑張《がんば》りたい。そして、そのあとはそのままインターネットの仕事を続《つづ》けるかどうかはわかりませんが、少なくともみんなに働《はたら》ける場《ば》を提供《ていきょう》できるような、そういう仕事をしてみたいと思っています。いまやっていることとは、まったく正反対《せいはんたい》の仕事かもしれませんが、世の中のためにも雇用《こよう》の創出《そうしゅつ》はやらなければいけないことだと思っています。

（『致知』二〇〇〇年三月号掲載）

*ライフライン
電気・水道・ガス、あるいは電話のように、人間生活に欠かせない基本的な部分のことをいう。

*パイオニア
新しい分野の開拓者、先駆者のこと。

◎現代人の伝記◎

潮谷　愛一

人間の真実

幼児教育にかけた四十年

今年で創設《そうせつ》八十四年を迎える
熊本市の社会福祉法人《しゃかいふくしほうじん》慈愛園《じあいえん》。
ここでは親のいない乳児《にゅうじ》からお年寄《としよ》りまで
約四百人が共同生活をしている。
長年、幼児《ようじ》教育に携《たずさ》わった
同園《どうえん》子どもホーム園長の潮谷愛一《しおたによしかず》氏は、
一生というサイクルで見た場合、
「乳児期《にゅうじき》の母親の関《かか》わり方が、
その子の人生を左右《さゆう》する」
と力説《りきせつ》する。
潮谷氏が語る日本式育児《いくじ》の要諦《ようてい》とは。

《プロフィール／潮谷愛一》
しおたに・よしかず　昭和14年熊本県生まれ。日本社会事業大学卒。アメリカ・ヴィッテンバーグ大学と情緒障害児施設《じょうちょしょうがいじしせつ》で一年間研修《けんしゅう》。短大助教授を経て現在慈愛園子どもホーム園長。長崎国際大学非常勤講師《ひじょうきんこうし》、熊本県ボランティア連絡協議会《れんらくきょうぎかい》会長なども務《つと》める。著書に『子育て愛・ボランティア愛』。妻の義子さんは熊本県知事。

家族を犠牲に
福祉の道を歩いた両親

——最初に慈愛園《じあいえん》の歴史からお聞かせください。

潮谷　当園《とうえん》は大正八年、モード・パラウスというアメリカ人の女性宣《せん》教師《きょうし》が、誰《だれ》でも神様《かみさま》の愛《あい》に育《はぐく》まれた生活ができるように、との願《ねが》いでつくった施設《しせつ》です。当時の日本人の生活はとても貧《まず》しく、食べる米すらないため、捨《す》てられたり、置《お》き去《ざ》りにされる子どもたちが大勢《おおぜい》いたのです。

モード先生は北米《ほくべい》で寄付《きふ》を募《つの》り、熊本市内に二万平方《へいほう》メートルの土地を買ってホームを建設《けんせつ》し、捨てられた子どもや、結核《けっかく》を患《わずら》った赤ちゃん、お年寄《としよ》りまでここに集めました。いまのように福祉《ふくし》の法律《ほうりつ》が整備《せいび》されていませんでしたから、施設《しせつ》は自給自足《じきゅうじそく》の生活でした。昭和二十七年、モード園長《えんちょう》に師事《しじ》していたぼくの父・潮谷総一郎《しおたにそういちろう》が運営《うんえい》を任《まか》され、そのあとをぼくたち夫婦が継ぐことになった、というわけです。

——愛と福祉《ふくし》の教えが根付《ねづ》いているのですね。

潮谷　園《えん》にある子どもやお年寄りの施設は、創設当初《そうせつとうしょ》から「ホーム」と呼ばれていました。これは、モード園長が、入所者《にゅうしょしゃ》に温《あたた》かい家族の雰《ふん》囲気《いき》を体験《たいけん》させるために考えた名前です。そして、職員《しょくいん》に対しては父親と母親の役割《やくわり》を果《は》たすように、入所者に対しては、愛情《あいじょう》を受ける立場から、自《みずか》ら他の人々に愛を分《わ》かち合う人になることを求めました。

現在では赤ちゃんから十八歳までの子どもたち百人と、お年寄《としよ》り三百人が生活していますが、これらの精神は、いまでも慈愛園《じあいえん》の事業《じぎょう》の根幹《こんかん》となっています。例《たと》えば、子どももお年寄りも自分でできることは自分でやる精神や、周《まわ》りの人々に思いやりを持つことを訓練《くんれん》しています。

——潮谷園長《しおたにえんちょう》も、そこでお育ちになったのですか。

潮谷　もちろんです。幼《おさな》いころ、ぼくはここで二十人の戦災孤児《せんさいこじ》*と一緒《いっしょ》に暮らしていました。もう、寝る部屋も食事も着るものも全部一緒。父も母も、二十人の、あるいは園全体の父と母であって、ぼくとはあまり関係《かんけい》がなかった(笑)。親は構《かま》ってくれないし、毎日、作業《さぎょう》、作業でしてね。それで、本当に園《えん》の生活がいやで仕方《しかた》がなかったのです。

園の一角《いっかく》に結核《けっかく》の子ども専用《せんよう》の家があって、看護婦《かんごふ》の母はそのお世話《せわ》をしていました。それでぼくも二歳のころ、結核《けっかく》をもらって何年も寝《ね》たきりの生活を送った。小さいときは「なんでこんな所に生まれたのか」と思ったものでした。まあ、こんな話をしても、普通《ふつう》の人にはちょっと理解できにくいでしょうがね。

——しかし、わが子を犠牲《ぎせい》にしてまで福祉《ふくし》に捧《ささ》げられたご両親の苦労《くろう》は、並大抵《なみたいてい》ではなかったと思われま

＊戦災孤児　戦争による災害で親を亡くした子ども。

す。

潮谷　そう言えるかもしれません。父は幼少《ようしょう》のころから熱心《ねっしん》なクリスチャンでした。昭和十三年、モード園長は父に、*ハンセン病患者《びょうかんじゃ》を訪問《ほうもん》して、救援物資《きゅうえんぶっし》を運びながら、治療《ちりょう》のため病院に入院《にゅういん》するよう説得《せっとく》してほしい、と依頼《いらい》したそうです。当時、ハンセン病といえば最も恐《おそ》れられた病気でした。父は、自分の衣服《いふく》を熱《ねっ》湯《とう》で消毒《しょうどく》しながら何度も患者《かんじゃ》のもとに足を運んだといいます。軍に入隊《にゅうたい》したときも、説得した百十八人のハンセン病患者の名簿《めいぼ》を隠《かく》し持ち、彼らの幸せを祈《いの》ったのです。

ハンセン病の潜伏期間《せんぷくきかん》は二十年です。ぼくは昭和十四年生まれで、二十歳になったときに父から「おまえにはハンセン病はうつらなかった」と言われました。

いまのように医学《いがく》も進歩《しんぽ》していませんから、わが子が発病《はつびょう》することも十分覚悟《かくご》していたはずです。ぼくは父のこの言葉を聞いて、両親は大変な思いで事業に臨《のぞ》んでいたことを改《あらた》めて思い知らされました。

――お父さまは、ハンセン病患者《かんじゃ》の救済《きゅうさい》にも積極的《せっきょくてき》に関《かか》わってこられたのですね。

潮谷　プロミンというハンセン病の特効薬《とっこうやく》ができ、感染《かんせん》の心配はなくなったにもかかわらず、昭和二十九年、熊本ではハンセン病患者《かんじゃ》から生まれた未感染児童《みかんせんじどう》の小学校入学を巡《めぐ》る反対運動が起きました。このときも、父は説得に奔走《ほんそう》しましたが、結局、偏見《へんけん》の嵐《あらし》を止《と》めることはできませんでした。

そこで父は極秘《ごくひ》のうちに、未感染《みかんせん》児童《じどう》を県内《けんない》の児童養護施設《じどうようごしせつ》に入所《にゅうしょ》させ、教育を受けさせたのです。慈愛《じあい》園《えん》もその一つで、ぼくは十八歳のころから彼らと生活をともにしたのです。

その父もこの四月に八十七歳で他《た》界《かい》しました。

赤ちゃんの脳がおかしくなった

――そんなご両親の後《うし》ろ姿《すがた》を見ながらご自身も福祉《ふくし》の道に進まれた。

潮谷　親のいない子どもたちと接《せっ》するうちに、いつしか、どうすれば彼らが親がいなくても幸せになれるか、ということを考えるようになっていました。それで心理《しんり》学を勉強しようと福祉《ふくし》関係の大学に進んだのですが、結局《けっきょく》、答えは見つからなかった。子どもを幸せにできるのは、親しかいない。他人は親そのものにはなり得ない。これが大学で得た結論《けつろん》でした。

大学を卒業したぼくは八年間、養《よう》護施設《ごしせつ》で働きました。しかし、ここでも親の愛情《あいじょう》を求める親のいない子どもたちの期待にこたえることがいかに難《むずか》しいか、という壁《かべ》にぶち当たり、悩《なや》みは膨《ふく》らむ一方でした。留学《りゅうがく》の話が舞《ま》い込《こ》んだのは、ちょうどそ

*ハンセン病　らい菌の感染によって起こる慢性伝染病。現在は治療で治癒できるが、かつては不治の病とされた。最初にらい菌を発見したノルウェーの医学者ハンセンの名前が病名の由来。

んなときです。ぼくはすでに結婚して子どもが二人いましたが、妻の理解もあって行くことができました。子育てや福祉《ふくし》の在《あ》り方《かた》について、後に、ぼくなりの答えをつかんだのは、このアメリカ留学がそもそものきっかけでした。

——そこでは、どういうことを学ばれたのでしょう。

潮谷　留学したのは、ぼくが三十歳だった昭和四十五年でした。一年間、アメリカの情緒障害児《じょうちょしょうがいじ》の施設に泊《と》まり込《こ》んで実習《じっしゅう》をしながら、昼間《ひるま》は大学に通ったのです。

この施設には情緒障害児《じょうちょしょうがいじ》の中学生、高校生三十名が治療《ちりょう》のため、二年間共同生活をしていました。そこでアメリカの非行《ひこう》少年の実態《じったい》を知るにつけて、「これはもう大変だ。同じ子どもなのに日本と比べて、どうしてこんなに問題児が多いのか」と痛感《つうかん》したのです。

情緒障害《じょうちょしょうがい》というのは、感情的に混乱する症状で、ぼくが接していたのは暴力《ぼうりょく》、セックス、盗《ぬす》み、器物破損《きぶつはそん》などを日常的《にちじょうてき》に行っていた子どもたちです。ふだんはおとなしくて頭もいいのに何かが起きていったん感情が揺《ゆ》らいだら、もう手がつけられない。それも二人、三人になると、本当に殺《ころ》されるかもわからないというくらい凶暴《きょうぼう》になるんです。もちろん更生《こうせい》のためのいろんなプログラムは準備《じゅんび》されているのですが、まず治《なお》らない。だから、こっちも必死《ひっし》。

それで、一年たって日本に帰ってきて「ああ、日本はいいなあ」とホッとしておったら、今度は日本の子どもたちがおかしくなってきた。

——本当ですね。

潮谷　ぼくが一番関心《かんしん》を抱《いだ》いたのは校内暴力です。『暴力教室』*というアメリカの映画がありましたが、日本の歴史《れきし》にはそれまで先生に集団《しゅうだん》で立ち向かうという校内暴力というのはなかったのです。だけど、事件が昭和五十五年から始まって次の年も、またその次の年も起きる。ぼくがアメリカで見たような情緒混乱《じょうちょこんらん》の子どもたちが日本にも増え始めたのです。

張本人《ちょうほんにん》はそのときの中学三年生でした。彼らが生まれたのは昭和四十一年です。だったら、そのとき生まれた赤ちゃんの頭がおかしくなったと考えることもできる。幼児《ようじ》教育の重要性《じゅうようせい》をうすうす感じていたぼくは、この年に何が起きたかを調べていくうちに、それを突《つ》き止《と》めた。それまでの日本の伝統的《でんとうてき》な育児《いくじ》が、四十一年から西洋式《せいようしき》育児に切り替わっていたのです。

——西洋式に？

潮谷　日本の伝統的育児《でんとうてきいくじ》の基本《きほん》は添《そ》い寝《ね》、おんぶ、抱《だ》っこ、オッパイです。しかし、オッパイを除いたあとの三つが昭和四十一年以降、全部失われてしまった。

——何があったのでしょう。

潮谷　妊娠《にんしん》した女性が保健所《ほけんじょ》から

＊『暴力教室』
ハイスクールの不良少年と教師の争いを描いた一九五五年公開のアメリカ映画。衝撃的な描写《びょうしゃ》で公開時は上映禁止問題が起こった。リチャード・ブルックス監督、グレン・フォード主演。

もらう母子健康手帳と一緒に配られている『赤ちゃん―そのしあわせのために』という副読本《ふくとくほん》があります。日本の最高の小児科医《しょうにかい》が書いた本で、年間百五十万人の妊婦《にんぷ》に配《くば》られる、大変大きな影響《えいきょう》のある本です。ところが、そこにとんでもないことが書かれてあったんです。

「赤ちゃんは初めから一人で寝かせましょう。添《そ》い寝《ね》はよくありません。抱《だ》っこ、おんぶはほどほどに。抱きぐせがついて苦労します。おんぶの時間はなるべく短く。赤ちゃんもお母さんも疲れます」。そして、この情報をすべての親に流布《るふ》した。

そのころ、日本はすでに核家族《かくかぞく》に移行《いこう》しようとしていました。ただでさえ家族の結び付きが希薄《きはく》になろうとしているときに、厚生省《こうせいしょう》が、こういう情報をアメリカから持ってきた。「アメリカ式育児法こそ独立心《どくりつしん》の高い子どもをつくる」とこれを奨励《しょうれい》した。

この副読本《ふくとくほん》は昭和三十九年から配られていますから、それを最初のころに手にした親から生まれた子は五十五年に中学三年生になった。ちょうど校内暴力と一致《いっち》するわけです。

そして、その四十一年生まれが、いま三十五歳なんですよ。彼らが大学に入ったとき付《つ》いたあだ名が「新《しん》人類《じんるい》」と「プッツン」です。上の年代の人たちから見たら、コミュニケーションのとれない青年として映《うつ》ったのですね。この傾向《けいこう》が今日まで続いている。

見直された日本式育児

――いま若い父親、母親がいろいろな事件を起こしているのは、赤ちゃんのときに添《そ》い寝《ね》、おんぶ、抱《だ》っこをされていないからですか。

潮谷　その通りです。手をかけず、甘やかさずに育てることが一見、独立心の豊かな子を生み出すと思われがちですが、結果は逆です。乳幼児《にゅうようじ》期のお母さんの添い寝、おんぶ、抱っここそ、人間の情緒安定《じょうちょあんてい》の源《みなもと》であり、この時期には十分な甘《あま》えと依存《いぞん》体験が必要なんです。

安心を求める赤ちゃんにとって母親は、碇《いかり》を下ろす港《みなと》のようなものです。子どもは、お母さんの愛に満《み》たされてこそ穏《おだ》やかな心になり、周囲《しゅうい》に関心《かんしん》を向け、集団生活に意欲的《いよくてき》に入っていく力が湧《わ》くのです。それが社会の荒波《あらなみ》に打ち勝つ子にする子育てなのです。

抱《だ》っこもおんぶも添《そ》い寝《ね》もしてもらえない子に、どうして心の安定が得られるでしょうか。最近、子どもがひ弱《よわ》なのは親が甘いからだなどと体罰信仰《たいばつしんこう》みたいな風潮《ふうちょう》が広まっていますが、それは違います。ひ弱《よわ》なのは十分な甘《あま》えが得《え》られないで、自信が持てないからなんですね。

――なるほど。

潮谷　それにいま、目立ちたがり屋の子どもが多いでしょう。あれも自分は認められていない、という記憶がしっかりインプットされているからです。それで認《みと》めてくれ、認めてくれ、とみんな浮《う》き足《あし》立つんですね。本当に愛情に飢《う》えた子どもたちが多くなったと思います。

——つまり、西洋式《せいようしき》育児は間違《まちが》いだということですか。

潮谷　ここは肝心《かんじん》なところなんですが、副読本《ふくとくほん》を作った日本の医者は西欧《せいおう》文化の一面だけをとらえて、そのまねをしようとした。ところが、西欧には、日本人が決してできない二つの習慣《しゅうかん》があるのです。一つはキス、もう一つは「アイ・ラブ・ユー」です。子どもに対して雨のようにキスをする。そしてキュッと抱《だ》き締《し》めて「アイ・ラブ・ユー」という言葉を連発《れんぱつ》するんです。日本にこの文化はないんですよ。だから、キスも「アイ・ラブ・ユー」も知らない日本人が、それまでの抱っこや添い寝をやめてしまったらどうなりますか。もう最悪です。

——大切な親子の触《ふ》れ合《あ》いが欠《か》けてしまう結果になってしまった、と。

潮谷　ぼくが、このことに気付いたのが昭和五十七年です。厚生省《こうせいしょう》に強く抗議《こうぎ》しましたが、まったく聞き入れてはもらえませんでした。それでマスコミを使ってなんとかやめさせようとしたのです。厚生省は新聞記者が来たというので、慌《あわ》てて委員会をつくって検討《けんとう》を始めました。二年間、粘《ねば》り強く働き掛《か》けた結果、昭和六十年に「よくない」と言っていた抱《だ》っこや添《そ》い寝《ね》を「母と子のスキンシップのためによい」と全面的に書き換《か》えたりと、育児方針《ほうしん》を百八十度転換《てんかん》したのです。

——訴《うった》え続けたかいがありましたね。

潮谷　ああ、これで多くの子どもたちが救《すく》われる、と思いました。

しかし、日本人が自分たちの伝統《でんとう》的な育児の大切さに気付く前に、日本式子育てのよさに気付いていたのが実はアメリカ人だったのです。アメリカでは三十年前、日本の伝統的な子育てが間違っていないことを科学的に立証《りっしょう》した有名《ゆうめい》なサルの実験《じっけん》があります。

オッパイの出る母猿《ははざる》を檻《おり》に入れます。そこにまず子猫《こねこ》を入れる。猿が近付くけど子猫は逃げ回るんです。次に、なかなか懐《なつ》かない子猿《こざる》を入れる。これも母猿が近付いても、捕《つか》まらないし、知らぬ顔して過《す》ごすわけです。そして今度は目の見えない子猿を入れてみる。目の見えない子猿が母猿を触《さわ》ってしがみつき、最後にはオッパイを飲《の》むんです。そして一週間ほどすると、母猿《ははざる》は目の見えない子猿《こざる》をいつも抱《だ》いているんですよ。好きになったのです。

つまり母性愛《ぼせいあい》というのは子どもからもらうものなんです。子が触る、子がオッパイを飲む、そのことによって母親は「ああ、この子はいとしい」と思うようになるんです。

幼児期に何を入力《にゅうりょく》するか

——親子の接触《せっしょく》が子どもだけでなく、親の意識《いしき》までも変えてしまうということですね。

潮谷　そうです。ですから、その実験が出た後《あと》、アメリカでは十五年前から産み方も変わりました。

——産み方まで。

潮谷　ええ。以前は赤ちゃんが生まれたら、へその緒《お》を切って、きれいに洗《あら》って、新生児室《しんせいじしつ》に置く。それからお母さんに会わせたのですが、いまは違う。生まれた赤ちゃんを汚《よご》れてへその緒《お》が付いたまま、母親の胸に持ってきて触《さわ》らせる。その後で、へその緒を切るんです。それから洗う。それだけ母と子の心が近づくのですね。

アメリカには、どういった子どもが虐待《ぎゃくたい》を受けやすいかを調べた報告があって、それによると、虐待を受けるのは未熟児《みじゅくじ》が多いというのです。未熟児というのは生まれてすぐに、保育器《ほいくき》に入れられて、母親との接触《せっしょく》がないわけです。ですから、いまでは母親に保育器《ほいくき》に手を入れて触《さわ》らせるようになりました。

——乳幼児期《にゅうようじ》の母親との関《かか》わり方がどれだけ大切かがよくわかります。

潮谷　もう一つ、興味《きょうみ》深いデータをご紹介《しょうかい》しましょう。

脳《のう》の研究《けんきゅう》をするうちに、四百グラムだった新生児《しんせいじ》の脳《のう》が、なんと約一年間に八百グラムに倍増《ばいぞう》することがわかりました。その次はどうかと調べたら、三歳の誕生日《たんじょうび》で九百六十グラムなんです。ということは一年間に八十グラムしか増えていない。それでぼくは、このゼロ歳《さい》から一歳に至《いた》る間の入力《にゅうりょく》が大変大事《だいじ》だと知ったのです。

赤ちゃんに知識《ちしき》はありません。視《し》覚《かく》、聴覚《ちょうかく》、味覚《みかく》、触覚《しょっかく》、嗅覚《きゅうかく》。これがすべてです。この短い間に、これらの器官《きかん》から、どういう情報《じょうほう》を入力するかが、その子の人生を左右するのです。「三つ子《みつご》*の魂《たましい》百まで」という言葉がありますが、あれは数《かぞ》え年です。満《まん》二歳のことです。満二歳まででほとんど決まる、と昔の人は言ったけど、この脳《のう》の働《はたら》きから考えても的《まと》を射《い》ている言葉ですね。

——そう考えると、いま社会問題となっている幼児虐待《ようじぎゃくたい》は、子どもの脳《のう》に致命的《ちめいてき》なダメージを与えかねないといえますね。

潮谷　ぼくの施設《しせつ》にもそんな子どもたちが入ってきます。これは医者の発見《はっけん》なんですが、目の玉に針《はり》を刺《さ》された子がいる。一歳でですよ。あるいは三歳の子が片足を折《お》って入ってくる。誰《だれ》が折ったのか、絶対《ぜったい》に口にしません。ぼくたちはすぐに母親だとわかるんです。面会《めんかい》に来ると、子どもたちの体がコチコチになる。帰った途端《とたん》にホッとしている。

*「三つ子の魂百まで」「小さいときに身についた性格は年をとっても変わらない」という意味のことわざ。

この子たちの脳には、すでに「いつやられるかわからない」「予知《よち》すらできない」「逃げることもできない」というデータがいっぱい入力《にゅうりょく》されている。それは、中高校生になって暴力や引きこもりとして出てくるんです。

犬や鶏《にわとり》をとことん追《お》い詰《つ》めていくと、最後はこっちに向かってくる。これは人間も一緒《いっしょ》なのです。

脳には満たされなかった記憶《きおく》が残る

――恐ろしい話です。

潮谷　はい。親がいるから大丈夫《だいじょうぶ》、という時代ではなくなった。ぼくたちにできることは、まず「施設《しせつ》にいれば安心だ。危害《きがい》は加えられない」という気持ちにしてあげることですね。しかし、中学生ぐらいになると、その「ホッと」もなかなか効《き》かなくなる。最後はやっぱり、思いが残っている。

それと、母親の妊娠《にんしん》中の覚醒剤《かくせいざい》やシンナー、煙草《たばこ》、アルコール。その影響《えいきょう》は、幼児期《ようじき》には出なくても、中学生くらいになったときに出てきます。昔の女性は妊娠《にんしん》したら、すぐに出産《しゅっさん》の準備《じゅんび》に入ったのですが、いまの女性は準備なんかしていない。本当にわかっていない。だから、子どもたちがリスクを負《お》って生まれてくる可能性が高いわけです。

――難《むずか》しい時代になりましたね。

潮谷　ちょっと、お年寄《としよ》りの話になりますが、うちの施設《しせつ》には三百人くらい入っています。痴呆症《ちほうしょう》の人たちも増えていて、その人たちのやっていることを、じっと観察《かんさつ》してみると、赤ん坊にそっくりなんです。赤ん坊の脳《のう》と痴呆症《ちほうしょう》のお年寄りの脳《のう》というのは見事《みごと》に一致《いっち》しているのです。

――ああ、そうですか。

潮谷　最近気付いたのですが、ぬいぐるみを抱《だ》いてくるお年寄りが増えつつあるんです。そして同じ痴呆症のお年寄り同士で奪《うば》い合《あ》いを始める。奪《うば》ったほうは「わたしゃ寅年《とらどし》生まれ。だから寅《とら》は私のもの」と言ってぬいぐるみを離《はな》そうとしない。職《しょく》員会議《いんかいぎ》は「寅《とら》について」です。哀《あわ》れな会議です(笑)。別のものを買い与えても駄目《だめ》で、結局《けっきょく》、このおばあちゃんを別の施設《しせつ》に移《うつ》してようやく決着《けっちゃく》がついた。

それから今度は、結婚後の名字《みょうじ》を忘《わす》れて旧姓《きゅうせい》を名乗る人や、*徘徊《はいかい》する人が多くなった。施設の外に出ていくわけですね。われわれ職員は「おらん、おらん」と言って必死になって探《さが》す。三時間くらいして警察《けいさつ》から「いた」と言って電話がかかってくる。そこは、その人の生まれ故郷《こきょう》なんです。

「ぬいぐるみ」「旧姓《きゅうせい》」「生まれ故《こ》郷《きょう》」。これは幼児期《ようじき》の脳《のう》が残っている証拠《しょうこ》ですよ。痴呆症《ちほうしょう》になった人だけが、それが残っている。満《み》たされ

*徘徊　うろうろ歩き回ること。

なかった思いをずっと我慢して生きてきて、本人も忘れていたような記憶が、最後は出てくるんですね。かなった人は卒業《そつぎょう》したんです。愛されること、認めてもらうことを卒業した。だから、そういう人は痴呆《ちほう》が出にくい傾向《けいこう》があるように思います。

——幼少期の子育てが、晩年《ばんねん》にまで影響《えいきょう》しているとは驚《おどろ》きです。

潮谷　さっき言った「三つ子の魂《たましい》百まで」。ぼくは、この言葉は嘘《うそ》だと思っていました。「そんなはずはない。人間は変わる」と。福祉《ふくし》や教育で人間は改造《かいぞう》できると思っていたけど、どうしてもうまくいかなかった。それで非行《ひこう》少年の研究《けんきゅう》を始《はじ》めて原因を探究《たんきゅう》するうちに、どんどんさかのぼって、ついに赤ちゃんの脳《のう》にぶち当たった。これもアメリカに行ったからわかったことなんです。

——そう考えてくると人間の本質《ほんしつ》というのは、極《きわ》めてシンプルなのかもしれませんね。

潮谷　その通りです。繰り返すようですが、生まれたときのお母さんと子どもの優《やさ》しい関《かか》わり。これがすべてを決定《けってい》すると思います。そのとき、お母さんが子どもにどんな利発《りはつ》なことを言っても意味がないのです。どれだけ、子どもに本当の愛情《あいじょう》を注《そそ》げるか、安心した気持ちにさせてあげられるか、ということだと思います。

　考えてみたら、昔のお母さんは学校なんて行っていませんからね。それで七人も八人も子どもを産《う》んで育てた。あの時代も、頭のいい子が欲《ほ》しかったはずです。だけど、そのためにどうしたらいいかは、誰《だれ》も知らなかった。ただ、子どもに乳《ちち》を飲ませて、抱《だ》っこをして、懐《ふところ》に入れて育てただけです。それでも、いまのようにおかしな日本人はいなかったわけですから。

　その点、いまは新人類《しんじんるい》が親になって、親の自己《じこ》中心がはびこっていて、子どもたちが不安をいっぱい抱えて生きている。これは気掛《きが》かりですね。

——長く幼児《ようじ》教育に関わってこられて、これから園長ご自身どのような生き方を？

潮谷　ぼくには福祉《ふくし》の道を志《こころざ》すきっかけとなった一つの話があります。それは、父の本棚《ほんだな》にあったデミアン*という牧師《ぼくし》の物語でした。

　デミアンは布教《ふきょう》のためにイギリスからハワイに派遣《はけん》された。ハワイにはモロカイというハンセン病患者《かんじゃ》を隔離《かくり》する島があり、ここでキリスト教を広めるわけです。ところが、神様の話をしても一緒《いっしょ》に生活をしても、どうしても彼らと心が一つにならない。そんなある日、火を囲《かこ》んでいてキリスト教の話をしていたときに、自分の手に火の粉《こ》が飛んできたのに、何も感じなかった。すでにハンセン病に感染《かんせん》していたのですね。そして彼は、ハンセン病患者に対してそれまで使っていた「あなたたちは」と

*デミアンという牧師
デミアン・ド・ブーステル（一八四〇〜八九）はベルギーのカトリック宣教師。ハワイに渡って司祭となったあと、モロカイ島のハンセン病患者の収容施設に志願して行き、病人たちの世話をした。自らも病気に感染するが、治療を拒《こば》み、死の直前まで奉仕《ほうし》活動を続けた。

いう言葉をやめて、「私たちは」に変えた。

　ぼくはこの話を読んで大変感動を受けたのです。他として考えるのではない。私たちとして考える。ボランティア活動にしてもそうでしょうが、教育や福祉《ふくし》活動に携《たずさ》わる者として「あなたと私」ではなく、子どももお年寄りもすべて「私たち」として一緒《いっしょ》に歩いていけたら、と思っています。

（『致知』二〇〇一年九月号掲載）

◎現代人の伝記◎

相田　みつを

しあわせはいつも自分のこころがきめる

相田みつをの幸福観

「一番大事《だいじ》なものに、一番大事な命《いのち》をかける」
——相田《あいだ》みつを氏が、好《この》んで書いた言葉である。
自らの命のすべてを、仕事にかけた男の言葉である。
物質的豊かさからはほど遠く、それでも意気軒昂《いきけんこう》と
書に勇往邁進《ゆうおうまいしん》した六十七歳の生涯《しょうがい》は、
子息《しそく》一人《かずひと》氏をして、
幸福な人生だったと言わしめる。
人の幸福をうらやまず、
己《おのれ》の道をただ一筋《ひとすじ》に生き貫《つらぬ》いた
書家《しょか》・相田《あいだ》みつをの幸福観とは——。

《プロフィール／相田みつを》
あいだ・みつを　大正《たいしょう》13年栃木《とちぎ》県足利《あしかが》市生まれ。書家・詩人。旧制《きゅうせい》栃木県立足利中学校卒業。旧制中学の頃から短歌《たんか》、禅《ぜん》に出会い、独特《どくとく》の世界観《せかいかん》を書《しょ》として表現する。昭和59年、『にんげんだもの』出版を機《き》に、多くの日本人の心をとらえ、根強いファン層《そう》を広げた。平成3年12月、67歳で逝去《せいきょ》。8年9月、東京・銀座《ぎんざ》に相田みつを美術館が開館された。

《語り手プロフィール》
相田一人　あいだ・かずひと
昭和30年栃木県生まれ。相田みつを氏の長男。出版社勤務を経《へ》て、平成2年而今（にこん）社設立《せつりつ》。8年相田みつを美術館設立とともに館長《かんちょう》に就任《しゅうにん》。相田みつを遺作集《いさくしゅう》『いちずに一本道、いちずに一ツ事』『雨の日には……』等の編集に携《たずさ》わる。著書に『父相田みつを』『書相田みつを』などがある。

言葉は心を映す鏡

平成八年九月に、東京の銀座《ぎんざ》に相《あい》田《だ》みつを美術館《びじゅつかん》をオープンしてから、早いもので今年でもう四年になります。来年は開館《かいかん》五年、没後《ぼつご》十年、そして二十一世紀の幕開《まくあ》けと、三つを記念《きねん》して、大きな展覧会《てんらんかい》を計画しています。

美術館設立に当《あ》たっては、郷里《きょうり》＊足《あし》利市《かがし》を始《はじ》め、都内《とない》にもいくつかの候《こう》補地《ほち》があがりましたが、私としては、できれば父が好《この》んで通った画廊《がろう》のある銀座がいいなと考えておりましたし、実際《じっさい》銀座に開館《かいかん》してみて、その利便性《りべんせい》や土地柄《とちがら》のおかげで、年間《ねんかん》四十万にも及《およ》ぶ方々《かたがた》にご来館《らいかん》いただいております。

来館者の方々の希望《きぼう》で設置《せっち》した休《きゅう》憩室《けいしつ》のノートは、老若男女《ろうにゃくなんにょ》を問《と》わない数多くの人々の感想文で埋《う》め尽《つ》くされています。三十分なり一時間なり、作品と対話《たいわ》をすると、いろいろな思いがたまってきて、何らかの形で吐《は》き出さないと、落ち着かないということがあるようです。

特《とく》に忘《わす》れがたい感想文は、一番最初に書いてくださった方のものです。その方は不治《ふじ》の病《やまい》で小さなお子さんを亡《な》くされたお母《かあ》さんで、病院にかかっていたカレンダーで初めて相田《あいだ》みつをを知り、お子さんを亡《な》くした後《あと》で美術館を訪《たず》ねてこられました。

わが子が死んでしまうという、切《せっ》羽詰《ぱつ》まった状況《じょうきょう》で出会った相田《あいだ》みつをの言葉に支《ささ》えられ、何とか精神《せいしん》をしっかりと保《たも》つことができたこと。出会えて良かったということが、率《そっ》直《ちょく》な文章で綴《つづ》られており、非常《ひじょう》に印《いん》象的《しょうてき》でした。

最近、相田《あいだ》みつをは〝癒《いや》し系《けい》作品の元祖《がんそ》〟という言い方をされることがありますが、私はこれは誤解《ごかい》であると思っています。もちろん、作品に接《せっ》して気持ちが癒《いや》されましたと言ってくださるのは嬉《うれ》しいのですが、父の作品は決してこうしなさいというような答えを提示《ていじ》するものではありませんし、安易《あんい》な慰《なぐさ》めを与えるものでもありません。

むしろ、厳《きび》しいとさえいえる父の言葉を通して、自分自身と向き合わされるというか、自分の心の傷《きず》に対《たい》面《めん》する勇気《ゆうき》を得《え》るのでないか。そして、しっかりと自分自身の心を見据《みす》えた上で、ではどうしたらいいかという解答《かいとう》を、自分で考え出さざるを得ないように促《うなが》す作品であると思うのです。

銀座にあるという交通の便《べん》の良さも手伝《てつだ》って、何度も足を運んでくださる方が多いのですが、来るたびに心に留《と》まる作品が変わってくると言われます。感想文にも「相田《あいだ》みつを作品というのは、そのときそのときの自分の心の状況《じょうきょう》を映《うつ》し出す鏡《かがみ》のような感じがする」とたくさんの方が書いておられます。

最近は小、中、高等学校の教科書

＊足利市
栃木県南西端にある都市。足利氏発祥《はっしょう》の地であり、足利学校は鎌倉・室町時代の最大の学校として有名。「足利銘仙《めいせん》」と呼ばれる絹織物の産地としても知られる。

や副読本に数多く採用されるようになった結果、学校の授業で相田《あいだ》みつをを知って美術館を訪れる小、中、高生が増えました。

　父の作品の特徴《とくちょう》として、その年齢《ねんれい》なりにいろいろな読み方ができるということがあると思います。十代の読者はナイーブな感性《かんせい》で読みとるでしょうし、人生経験《けいけん》を蓄積《ちくせき》していけば、また見方《みかた》も変わってくる。一見単純《たんじゅん》な言葉でわかりやすそうな作品ですが、それぞれの光の当て方で、それぞれの相田《あいだ》みつを像《ぞう》が浮《う》かんでくるのだと思います。

人間不信《にんげんふしん》から人間思慕《にんげんしぼ》へ

　父の作品が、なぜ、これほどまでに多くの方々の心に響《ひび》くのかを考える上で、父の戦争体験《たいけん》を抜《ぬ》きにしては語れないと思います。父自身も戦争に行っていますし、兄二人を戦争で亡《な》くしています。

ひぐらしの声

ああ今年も
ひぐらしが鳴き出した
ひぐらしの声は
若くして戦争で死んだ
二人のあんちゃんの声だ
そして
二人のあんちゃんの名を
死ぬまで呼びつづけていた
悲しい母の声だ
そしてまた
二人のあんちゃんのことには
ひとこともふれず
だまって死んでいった
さびしい父の声だ
ああ今年も
ひぐらしが鳴き出した

　父の二十代というのは、人間不信《にんげんふしん》のどん底《ぞこ》で喘《あえ》いでいる状況《じょうきょう》だったようです。思うに任《まか》せない暗い青春《せいしゅん》だったのでしょう。一度、どん底で徹底的にのたうち回ったからこそ、結婚を一つの転機《てんき》として、今度は逆に「人間思慕《にんげんしぼ》」という世界に移《うつ》っていけたような気がするのです。この言葉は、二十代の後半《こうはん》ぐらいから書くようになります。

　六十歳の時に最初に出版《しゅっぱん》させていただいた『にんげんだもの』という本がありますが、「人間思慕《にんげんしぼ》」という言葉が、「にんげんだもの」という言葉にだんだんにつながっていくのかなあという感じがしています。

「アレもコレもほしがるなよ」

　若い頃《ころ》から晩年《ばんねん》まで、父が好きでよく書いていた言葉に、「一番大事《だいじ》なものに、一番大事な命をかける」があります。この言葉の対極《たいきょく》にある作品として、「アレもコレもほしがるなよ」という言葉もあります。

父の言葉というのは、どちらにしろ自分に向けて言っている言葉ですから、父自身、アレもコレも欲《ほ》しかったのだと思います。社会的名声《めいせい》も、お金も、豊かな生活も欲《ほ》しい。しかし結局一番大事《だいじ》なものは何かと考え、捨《す》てていったなかで、最後《さいご》に残ったのが書《しょ》だったのではないか。おそらく父は、一番大事な書《しょ》に生きることが、自分の一番の幸せなんだと、どこかで決意《けつい》したのだと思うのです。

わたしは無駄《むだ》にこの世に生れてきたのではない　また人間として生れてきたからには無駄《むだ》にこの世を過《すご》したくはない
私がこの世に生れてきたのは私でなければできない仕事が何か一つこの世にあるからなのだ
それが社会的に高いか低いかそんなことは問題ではない
その仕事が何であるかを見つけそのために精一杯《せいいっぱい》の魂《たましい》を打《う》ち込《こ》んでゆくところに人間として生れてきた意義《いぎ》と生きてゆくよろこびがあるのだ

　昭和三十五年十二月

父は自分のやりたい仕事に打《う》ち込《こ》んでいることが自分の幸せであり、一家《いっか》の長《ちょう》である自分が幸せであれば、家族も幸せであると考えていました。まあ、家族にとっては必ずしもそうは言えないというのが本音《ほんね》ですが、父自身は書きたいことを書き、作りたい作品を作って、物質的《ぶっしつてき》には非常《ひじょう》に貧乏《びんぼう》でしたが、とにかく幸せな一生だったと思います。

ただ、これは大事なことですが、納得《なっとく》のいく作品は、生涯《しょうがい》一点もないんだということを、生前《せいぜん》繰《く》り返《かえ》し言っていました。それぐらい自分の書《しょ》に対しては厳《きび》しい生き方を貫《つらぬ》き通しました。

子ども心にも、父が非常に苦悩《くのう》して書いていることは伝わってきましたし、書《しょ》を書くということは命がけで大変なことなんだなと感じていました。

アトリエ*で書を書く父は私にとっては非常《ひじょう》に怖《こわ》い存在《そんざい》で、母屋《おもや》で家族と一緒《いっしょ》の時とはうって変わって鬼気《きき》迫《せま》るものを感じましたから、アトリエに入ってしまったら、知らない人という感じでした。食事や睡眠《すいみん》の時間も不規則《ふきそく》で、自分の身《み》を削《けず》るようにして創作《そうさく》をしていましたから、ある意味で六十七歳までよく持ちこたえたと思います。

トマトはトマトの いのちを精一杯

「しあわせはいつも自分のこころがきめる」というのが、父の幸福観《こうふくかん》を端的《たんてき》に表した言葉です。もう少し詳《くわ》しく言いますと、禅《ぜん》の影響《えいきょう》があってのことと思いますが、〝比《くら》べない生活〟というのを理想《りそう》としていたよう

＊アトリエ　画家・彫刻家・写真家・デザイナーなどが仕事をするために特別に作った場所。画室、工房。

です。

　人の家と比《くら》べて貧《まず》しいとか豊《ゆた》かだとか言っていると本当の安心はない、ということを盛《さか》んに言っていました。いわゆる世間的《せけんてき》な価値観《かちかん》で自分の生き方をはかろうという気はなかったようです。

トマトとメロン

トマトにねえ
いくら肥料《ひりょう》をやったってさ
メロンにはならねんだなあ

トマトとね
メロンをね
いくら比《くら》べたって
しょうがねんだなあ

トマトより
メロンのほうが高級《こうきゅう》だ
なんて思っているのは
人間だけだね
それもね
欲のふかい人間だけだな

トマトもね　メロンもね
当事者同士《とうじしゃどうし》は
比べも競争《きょうそう》もしてねんだな
トマトはトマトのいのちを
精一杯《せいいっぱい》生きているだけ
メロンはメロンのいのちを
いのちいっぱいに
生きているだけ

トマトもメロンも
それぞれに　自分のいのちを
百点満点《まんてん》に生きているんだよ

トマトとメロンをね
二つ並《なら》べて比《くら》べたり
競争《きょうそう》させたりしているのは
そろばん片手《かたて》の人間だけ
当事者《とうじしゃ》にしてみれば
いいめいわくのこと

「メロンになれ　メロンになれ
かっこいいメロンになれ‼
金のいっぱいできる　メロンになれ‼」
と　尻《しり》ひっぱたかれて
ノイローゼになったり
やけのやんぱちで
暴《あば》れたりしているトマトが
いっぱいいるんじゃないかなあ

　人と比《くら》べず、自分の好きな仕事に邁進《まいしん》できたということは、男にとっては一番の幸せだと思うのですが、やはりその生き方を支《ささ》えた母の存在《そんざい》があったからこそだと思います。母に言わせると、父の情熱《じょうねつ》に巻《ま》き込《こ》まれて、無我夢中《むがむちゅう》でついて来ちゃったということのようですが、何しろ明《あ》日《す》のお金の心配《しんぱい》よりも今日《きょう》のお金がない、という状態《じょうたい》でしたから、生活の苦労は並大抵《なみたいてい》ではなかったようです。

　しかしそんなに貧乏《びんぼう》でしたが、お金のことで両親が言い争《あらそ》ったことは一度もありませんでしたし、母が父を尊敬《そんけい》していることは子どもも心によくわかりました。ですから貧《まず》しい生活をしてはいましたが、何となく自分の父親は価値《かち》のあることをやっているのではないか、ということを植《う》え付《つ》けられたような気がします。

幸福と不幸は表裏一体《ひょうりいったい》

美術館に来館《らいかん》される方が、来るたびに心に留《と》まる作品が変わるように、私自身も父の言葉で好きな作品はその時々で変わります。

「なやみはつきねんだなあ　生きているんだもの」――この言葉はいまの私に一番響《ひび》く言葉です。

冒頭《ぼうとう》に申《もう》し上《あ》げましたように、父の作品は解答《かいとう》を与えるものではなく、現実《げんじつ》を踏《ふ》まえた上で、ではどうしたらいいのかを自分自身で考えさせるものです。ですから一見消極的《いっけんしょうきょくてき》な生き方に見えて、実は非常に積極的《せっきょくてき》な生き方なのではないかと思うのです。

悩《なや》みを持っている人は何とか悩みから逃《のが》れたい、しかし生きている限り悩みはつきないんだという。厳しい言葉ですが、同時《どうじ》に温《あたた》かいというか、励《はげ》まされるというか、そういう両面《りょうめん》を持った言葉だと思うのです。

いのちの根

なみだをこらえて
かなしみにたえるとき
ぐちをいわずに
くるしみにたえるとき
いいわけをしないで
だまって批判《ひはん》にたえるとき
いかりをおさえて
じっと屈辱《くつじょく》にたえるとき
あなたの眼《め》のいろが
ふかくなり
いのちの根《ね》が
ふかくなる

現象面《げんしょうめん》だけ見たら、非常に悲しいことやつらいことはたくさんありますが、それが結局人間というものの根《ね》を深め養《やしな》ってくれる。不幸と思えることが幸福につながる。つまり不幸も幸福も表裏一体《ひょうりいったい》であり、「しあわせはいつも自分のこころがきめる」というのが、父、相田《あいだ》みつをの生涯《しょうがい》を貫《つらぬ》く幸福観《こうふくかん》であったと、私は思います。

（『致知』二〇〇〇年九月号掲載）

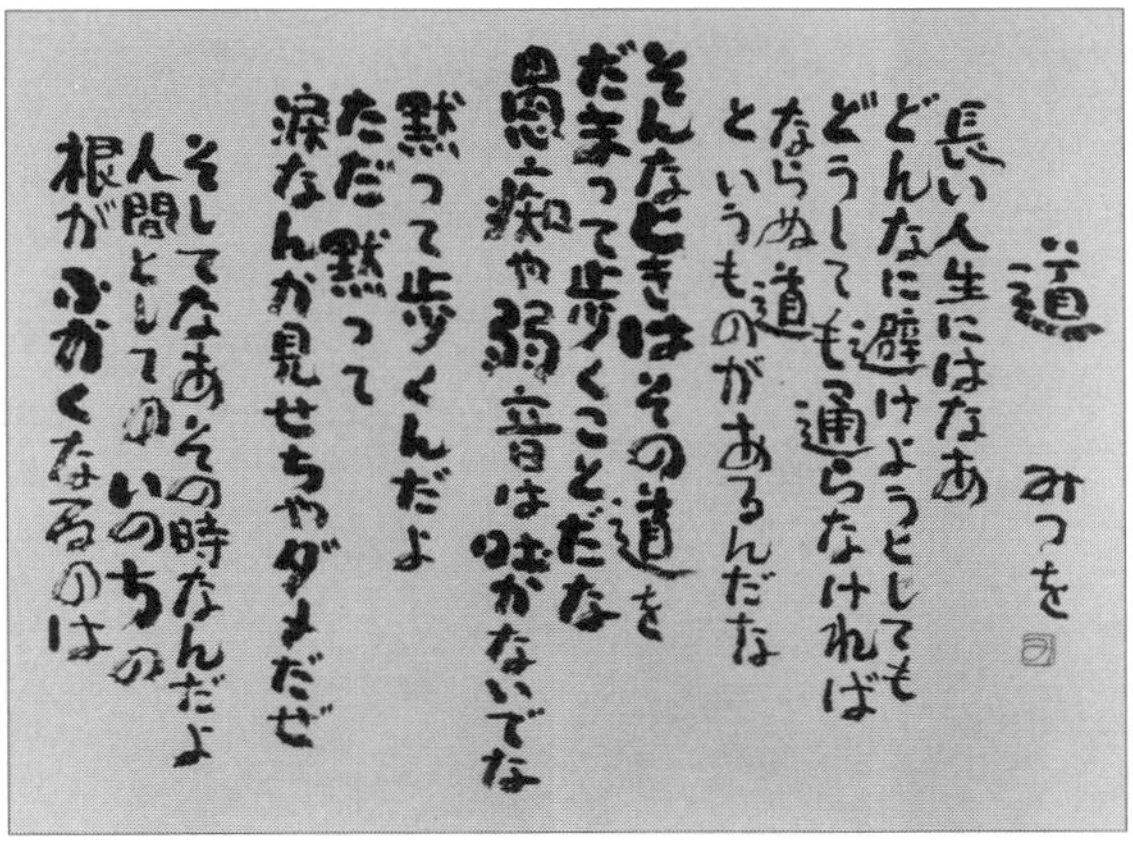

道
みつを
長い人生にはなあ
どんなに避けようとしても
どうしても通らなければ
ならぬ道
というものがあるんだな
そんなときはその道を
だまって歩くことだな
愚痴や弱音は吐かないでな
黙って歩くんだよ
ただ黙って
涙なんか見せちゃダメだぜ
そしてなあその時なんだよ
人間としてのいのちの
根がふかくなるのは

©相田みつを美術館

最後に　――編集者からのメッセージ――

『致知《ちち》』というのは、月刊雑誌の名前です。

中国古典に『大学』という書物があり、その中に出てくる「格物致知《かくぶつちち》」という四文字熟語からつけられました。

二宮金次郎（尊徳）が薪《たきぎ》を背負って本を読んでいる銅像を見たことがあると思いますが、金次郎が読んでいる本が『大学』です。『大学』というのは大人《たいじん》の学という意味で、わかりやすく言えば、立派な大人《おとな》になるための心構えが書いてある本です。

「格物致知」という言葉の意味は、物にぶつかって知に至るということで、実際の体験を通じて学び、その学びを、書物を読むことで深めていくということを表しています。

そういう言葉から誌名をつけられた雑誌『致知』には、世の中で活躍する人たちの多くの体験が集められています。

いろいろな世界において、強く生きた人、深く生きた人、やさしく生きた人、そういう人たちの生き方が、その人自身の言葉で語られています。

人が成長しようとするとき、人生の先輩の体験から学ぶことはたくさんあります。お父さんやお母さんから話を聞いたり、おじいちゃんやおばあちゃん、学校の先生や近所の人たちからもいろいろなことを教えてもらえます。

そして、もっと大きな人間になるためには、大きく生きた人の話を聞くことが大切です。

書物は、限られた世界しか体験できない人間に、無限の世界を教えてくれる人類の叡知《えいち》の結晶です。

過去に生きた偉人の伝記を読めば、その人の人生を一緒に体験することができます。

『致知』は、私たちと同じ時代を生きる「人生の先輩」に、「生き方を学ぶ」雑誌です。

大人になっても、常に成長しようと思っている人は学び続けます。未来への夢を持ち続けます。

どこまでも限りなく命を燃やし続けるための、『致知』は人生の教科書です。

本書では、その『致知』の記事の中から、特に若いみなさんの生き方に参考になるのではないかと思われる、八人の方々の生き方を紹介させていただきました。

未来に羽ばたくみなさんの人生に、大きな糧《かて》となることを祈ってやみません。

致知編集部長　柳澤まり子

現代人の伝記1

平成二十一年七月七日第一刷発行
平成二十九年二月二十四日第六刷発行

編著　致知編集部
発行者　藤尾　秀昭
発行所　致知出版社
〒150-0001東京都渋谷区神宮前四の二十四の九
TEL（〇三）三七九六―二一一一
印刷・製本　中央精版印刷
落丁・乱丁はお取替え致します。　（検印廃止）

ISBN978-4-8009-1058-5 C0095
ホームページ　http://www.chichi.co.jp
Eメール　books@chichi.co.jp

いつの時代にも、仕事にも人生にも真剣に取り組んでいる人はいる。
そういう人たちの心の糧になる雑誌を創ろう——

『致知』の創刊理念です。

致知 CHICHI
人間学を学ぶ月刊誌

人間力を高めたいあなたへ

●『致知』はこんな月刊誌です。

- 毎月特集テーマを立て、ジャンルを問わずそれに相応しい人物を紹介
- 豪華な顔ぶれで充実した連載記事
- 稲盛和夫氏ら、各界のリーダーも愛読
- 書店では手に入らない
- クチコミで全国へ（海外へも）広まってきた
- 誌名は古典『大学』の「格物致知（かくぶつちち）」に由来
- 日本一プレゼントされている月刊誌
- 昭和53（1978）年創刊
- 上場企業をはじめ、750社以上が社内勉強会に採用

—— 月刊誌『致知』定期購読のご案内 ——

●おトクな3年購読 ⇒ 27,800円
（1冊あたり772円／税・送料込）

●お気軽に1年購読 ⇒ 10,300円
（1冊あたり858円／税・送料込）

判型:B5判 ページ数:160ページ前後 ／ 毎月5日前後に郵便で届きます（海外も可）

お電話
03-3796-2111（代）

ホームページ
致知 で 検索

致知《ちち》出版社《しゅっぱんしゃ》 〒150-0001 東京都渋谷区神宮前4-24-9